Dr F. BRUNET

A CASABLANCA

— 1er-7 Août 1907 —

EXTRAIT DE LA REVUE DE PARIS Nos DES 15 MARS
1er ET 15 AVRIL 1909

COULOMMIERS
IMPRIMERIE PAUL BRODARD

1909

Dr F. BRUNET

A CASABLANCA

— 1er-7 Août 1907 —

EXTRAIT DE LA REVUE DE PARIS Nos DES 15 MARS
1er ET 15 AVRIL 1909

COULOMMIERS
IMPRIMERIE PAUL BRODARD

1909

A CASABLANCA

— 1er-7 AOUT 1907 —

A bord du *Galilée*.

Hier, mercredi, 31 juillet 1907, en rade de Tanger, un Kawas de la légation de France est monté à bord, porteur d'une lettre urgente pour le commandant Ollivier. Il paraît que ça va mal à Casablanca : le commandant donne l'ordre d'armer sa baleinière pour se rendre chez M. de Saint-Aulaire, chargé d'affaires de France en l'absence du ministre, M. Regnault, qui est en congé à Paris.

« Casablanca? Connaissez-vous ça? » demandent la plupart d'entre nous. Le *Galilée* a beaucoup navigué l'an dernier sur les côtes marocaines; mais il les a quittées depuis huit mois pour se réparer à Toulon, et son état-major a été renouvelé. Huit officiers sur onze ont tout à apprendre du Maroc. Or nous ne sommes sur rade de Tanger que depuis treize jours, venant directement de l'arsenal. Seuls, le capitaine de frégate Ollivier, commandant, et les enseignes de vaisseau Bérenger et Ballande ont déjà visité les ports marocains. Mais une année bientôt d'éloignement leur a fait perdre de vue les affaires du Maghzen.

Le commandant, qui doit être remplacé dans six semaines et qui est sûr avec ses beaux états de services d'être mis au tableau d'avancement comme tous ses prédécesseurs à bord, nous laisse mener depuis notre arrivée une vie très calme. Il semble d'ailleurs que le Maroc sommeille dans la torpeur de l'été; diplomates, commerçants et fonctionnaires ne songent qu'aux congés en Europe dans de fraîches villes d'eaux. L'annonce de mauvaises nouvelles de Casablanca, pour nous qui ignorons tout ce qui s'est passé sur la côte dans ces derniers temps, surprend.

Sur rade, un navire de la Compagnie *Oldenburg* : *le Mogador* vient de mouiller. Des embarcations le débarrassent d'une foule encore grouillante sur le pont et déposent sur l'appontement un ramassis de gens sordides, déguenillés, glapissants. Aux traits bibliques de la figure, conservés avec une pureté saisissante, nous reconnaissons les juifs des *mellahs* marocains. Les familles, nombreuses, se pressent autour des bagages, misérable accumulation de cordages laissant voir des débris de mobilier, des paquets de hardes, de couvertures, de tapis, d'ustensiles de cuisine, des malles vermineuses, des valises éventrées, que serrent des ficelles. Les hommes, en souquenille et calotte noires, entassent ce bric-à-brac dans les wagonnets jusqu'à la douane, puis le chargent sur des bourricots, seuls véhicules de Tanger. Les femmes, accroupies par terre, emmitouflées dans de vieux cachemires, les cheveux ceints de mouchoirs aux teintes éclatantes, surveillent, avec des coups d'œils noirs sans cesse en mouvement, les débris de leur ménage ou gourmandent une progéniture en haillons.

Le *Mogador* arrive de Casablanca, chargé de réfugiés. Des ouvriers de la Compagnie française du port viennent d'être massacrés à l'instigation des tribus Chaouias qui entourent la ville et menacent de la piller. Le *Galilée* reçoit l'ordre de lever l'ancre à huit heures pour être le lendemain à Casablanca. M. Luret, directeur des services de l'Emprunt marocain, prendra passage à bord. Nous transporterons également M. le Docteur Merle, médecin du dispensaire de Casablanca. Envoyé sur le *Mogador* par le gérant du consulat, M. E. Neuville, il a apporté à la légation le rapport officiel du massacre. Il n'a pris que le temps de mettre sa famille en sûreté à Tanger et repart à son poste.

A huit heures précises, le *Galilée* se dirige vers le cap Spartel encore illuminé de quelques lueurs. Une belle soirée d'été s'établit, scintillante au ciel, laiteuse sur la mer, pendant laquelle il fait bon causer quand on n'est pas de service. Nous nous laissons aller à interroger longuement nos hôtes, MM. Luret et Merle.

Des réformes imposées par la Conférence d'Algésiras, les deux points essentiels, le contrôle des douanes et la police, réunissent l'hostilité des hautes classes marocaines, car, en supprimant leurs profits inavoués, elles compromettent leurs fortunes et gênent leur exploitation du pays. Le port de Casablanca, étant le plus riche de toute la côte, devait ressentir plus âprement le contre-coup des trafics lésés, des rancunes, des efforts de révolte, auxquels s'ajoutait la faiblesse d'un gouverneur incapable, Si Bou Bekr ben Bouzid, qui avait succédé depuis quelques mois à El Hadj Hammon dont le fils, caïd de la tribu des Ouled Harriz, espérait de longue date la succession paternelle. Déçu, Hammon ne cessa de créer des embarras à son rival pour montrer son impuissance à protéger Casablanca contre les émeutes des tribus environnantes de la Chaouia. Ancien *amin* des douanes, Si Bou Bekr, arrivé par l'argent, crut calmer les agitateurs en distribuant quelques douros aux plus arrogants ; il ne fit qu'augmenter les convoitises. Dès lors la ville fut menacée d'être pillée. A deux reprises, le corps consulaire tout entier, le 7 avril et le 12 mai 1907, avait demandé la destitution du caïd, qualifié par M. Malpertuy, consul de France, de « péril public ».

Une délibération du corps diplomatique de Tanger présenta à l'unanimité la même requête au Maghzen, qui répondit que le caïd avait la confiance du Sultan, et qu'il était impossible de le remplacer. Un oncle du Sultan Mouley-el-Amin (que nous écrivons plus simplement Mouley-Lamin) fut seulement envoyé avec une petite troupe dans la région des Chaouias pour avoir l'air de contenir les tribus les plus turbulentes. Malheureusement, la *mehalla* du prince n'était de taille ni à agir, ni à inspirer la crainte. De plus, n'étant pas payée, elle devait vivre sur le pays, c'est-à-dire se surajouter aux éléments de pillage.

Au début, sa présence détendit un peu la situation et permit à M. Malpertuy, notre consul, de partir le 20 juin en congé, sa santé fatiguée ayant besoin d'une saison d'eaux. M. Maigret, vice-consul, prit le service et obtint auprès de lui, comme chancelier, M. Emmanuel Neuville, son beau-frère, élève vice-consul, provisoirement détaché de Tanger. Dans les premiers jours de juillet, M. Maigret dut conduire sa femme souffrante dans sa famille à Gibraltar, de sorte que M. E. Neuville devint gérant du consulat avec un interprète, M. Zaghury, remplissant les fonctions de chancelier. Peu de temps après, M. Berti, agent de l'administration de l'Emprunt marocain, vint présider à l'installation du contrôle des douanes, charge dévolue par l'acte d'Algésiras à un personnel français et confiée à Casablanca à M. Darmet. A cette occasion il y eut échange de visites, de compliments, de congratulations, et de témoignages d'amitié entre les fonctionnaires français et marocains.

Mais ces apparences ne pouvaient faire illusion sur les sentiments réels : pour les fonctionnaires marocains, le nouveau régime était une grosse diminution d'argent et de prestige, qui ne s'accepte de bon cœur nulle part. Ces gens, en effet, avaient payé très cher leur charge au Maghzen ; ils ne la conservaient qu'en renouvelant fréquemment leurs cadeaux à leurs protecteurs de l'entourage du Sultan ou du caïd. Or le plus clair des bénéfices ne peut venir que de la fraude, tolérée tacitement puisque les appointements officiels sont ridicules.

Plusieurs maisons européennes, établies depuis longtemps, ayant de nombreuses relations dans le pays à cause de leurs protégés consulaires et disposant de capitaux élevés, s'accommodaient bien mieux de la méthode ancienne que de l'ordre et du droit commun. Moyennant un prix à débattre, mais toujours avantageux pour les deux parties, on diminuait les droits de douane dans des proportions d'autant plus appréciables qu'on agissait sur de plus fortes quantités. Certains commerçants jetaient alors sur le marché des orges, des blés, des maïs, à des prix défiant toute concurrence ou réduisant des entreprises régulières au déficit. Avec le contrôle des douanes, ces perspectives disparaissaient. Aussi, dans les conversations avec les indigènes, tous les bénéficiaires des transactions menacées cherchaient à empêcher le fonctionnement du contrôle en feignant d'y voir une manœuvre de la France. C'est pour ruiner leurs adversaires que les Français avaient machiné de tortueuses combinaisons sous un dehors de justice et de libre concurrence ; quand le port de Casablanca, construit par la

Compagnie française, serait installé, de quoi vivraient les débardeurs, barcassiers, bateliers et cette foule de manœuvres indispensables aujourd'hui? Bientôt un canot quelconque pourrait accoster en tout temps et à toute heure de marée. La ville ne serait plus protégée par son accès dangereux; les Français mettraient à exécution des projets encore plus désastreux. Déjà une locomotive et des wagons amènent au port les pierres de la carrière voisine, au lieu d'employer muletiers et animaux de bât. Encore quelque temps et les rails prolongés iront prendre les grains dans les champs : c'en sera fini de la tranquillité des morts dans la terre, de la sécurité des femmes dans les douars, des moyens d'existence dans les campagnes, car il n'y aura plus besoin de chameaux, d'ânes, de chevaux et de personnel pour transporter les produits du sol. Alors on regretterait de ne pas s'être défendus quand il était temps.

Et les bons apôtres de l'intégrité du Maroc ajoutaient : « Tout cela c'est aux Français que vous le devez, car ce sont eux qui ont demandé des réformes. Nous autres, l'état actuel nous suffit; nous ne désirons que l'indépendance du Sultan comme autrefois; nous nous contentons des anciens usages avec lesquels vos pères vivaient heureux et s'enrichissaient. Nous sommes de cœur avec vous et disposés à soutenir vos droits; mais encore faut-il que vous n'ayez pas l'air d'approuver les nouveautés qui s'introduisent chez vous. »

Ces insinuations habilement colportées en ville et dans les tribus aidaient à payer moins cher les récoltes et à relever le prix des fusils. Qui saura jamais combien d'Européens tirent le plus clair de leurs revenus de la contrebande des armes? Ils sont rares ceux qui ont résisté à l'attrait de vendre 200 francs ce qui leur coûte 20 francs. Si on joint à cette source de revenus le trafic des protections, les achats à faux poids, les spéculations sur la fraude en douane et les impôts non payés, le bénéfice de l'insécurité pour les adversaires, de l'impunité pour les amis, des immunités pour quelques-uns, comment accepter la fin d'un régime favorisant de si fructueuses opérations? Une attitude hostile des Chaouias retarderait au moins la réforme franco-espagnole.

Quant aux tribus, le secret espoir de toucher une grosse

somme en cas de menace sur la ville, d'arrêter des changements redoutés, d'avoir peut-être même l'occasion de piller le *mellah* et d'exercer quelques reprises individuelles à la faveur des troubles, ne méritait-il pas une démonstration? Les tribus envoient le 28 juillet des délégués au caïd pour le sommer de supprimer le contrôle français des douanes, d'arrêter les travaux de la Compagnie française du port et de détruire le chemin de fer qui amène les matériaux de la carrière à la jetée en construction. Si Bou Bekr, devant ces menaces, tergiverse, discute, demande du temps. Quand, vers cinq heures du soir, le lendemain, 29 juillet, M. Zaghury, délégué par M. E. Neuville, va s'enquérir de ses intentions, on ne peut rien en tirer.

Le mardi, 30 juillet, les émissaires des tribus ne vinrent pas recevoir la réponse promise par le caïd pour ce jour-là. Mais, dès le matin, quelques fanatiques se mirent à exciter ouvertement la population. A la mosquée, les prédications d'un nommé Haoussine el Ziani s'élevaient contre les entreprises des chrétiens. Dans les rues, les passants étaient arrêtés par des apostrophes d'un marabout en guenilles, du nom de Zoor, qui, accompagné d'un nègre, prêchait la guerre sainte. La ville était envahie par des campagnards aux allures louches. Les Marocains employés par des Européens et surtout par la Compagnie française étaient menacés. Plusieurs prévinrent qu'ils ne travailleraient pas ou avertirent leurs maîtres d'avoir à se tenir sur leurs gardes et de ne pas sortir. Des attroupements se formaient, commentant les menaces des tribus. On annonçait une prochaine attaque. Un jeune Portugais, qui se laissa aller à hausser les épaules en passant près d'un rassemblement où pérorait Zoor, reçut du nègre un coup de sabre sur la tête.

Le consul de Portugal informe du fait son collègue d'Angleterre, doyen du corps consulaire en l'absence de M. Malpertuy. Une réclamation collective est décidée et l'entrevue avec Si Bou Bekr fixée à deux heures. Sur la plage, des voyous s'attaquent à un enfant français qui jouait seul sur le sable, le jeune David. Le gamin de huit ans n'est sauvé que par l'intervention d'un ancien domestique qui l'emporte à moitié mort. Les fomentateurs de troubles donnent le mot d'ordre de commencer l'épuration de la ville par la destruction de la voie du chemin de fer.

Précisément vers une heure, une locomotive sort des chantiers pour ramener les wagons de la carrière, située à un kilomètre environ des murailles de la ville. La voie suit la plage, puis le mur d'enceinte, qui est peu élevé, de sorte que les maisons dépassant la muraille, les habitants peuvent très bien voir sans sortir de chez eux les trains de matériaux le long de leur parcours. Pendant que la locomotive séjourne à la carrière organisant son convoi, une bande d'Arabes occupent les rails à deux cents mètres de la ville et les couvrent de pierres. Quand le train revient avec son chargement, le mécanicien français Rabat, apercevant l'obstacle, stoppe à quelque distance. L'ouvrier posté sur le dernier wagonnet et le chauffeur indigène Ben Khazi sautent sur la voie pour la dégager. Les Marocains s'y opposent. L'ouvrier fait mine de passer outre : il est abattu sous les coups de matraque pendant que le chauffeur se sauve. Le mécanicien, descendu de sa machine pour parlementer, cherche à fuir, du côté de la mer, pensant se dissimuler derrière les rochers de la plage ou gagner le large. Il est poursuivi, entouré, lapidé, puis transpercé par la populace qui le mutile et joue avec son cadavre. Excitée par le sang, elle revient sur le chemin de fer et se dirige vers la carrière en poussant des cris de mort. Parmi les ouvriers, les uns courent vers la plage, espérant rejoindre à la nage les navires sur rade, ou se faufilent entre les pierres vers les jardins; d'autres se cachent dans des réduits, cherchent à se défendre dans un enclos, s'enferment dans une maisonnette où on serrait les outils; mais quelques-uns, surpris ou découverts, doivent lutter sans armes contre la bande qui les assaille d'abord à coups de pierres, puis les achève à la matraque et au poignard et s'acharne sur les cadavres. Le chef de chantier Massié, armé seulement d'un couteau, dispute vaillamment sa vie et, ruisselant de sang, fait tête à ses adversaires jusqu'à ce que l'un d'eux, se glissant derrière lui, lui brise le crâne. Après le meurtre, le pillage. Les uns parcourent la carrière et emportent les outils qui leur conviennent. Les autres retournant à la locomotive ou aux wagons s'acharnent à les démolir pour en vendre les pièces. La foule outrage les corps mutilés des neuf victimes, les traîne sur le sable, ouvre le ventre de l'un d'eux, le bourre de paille et y met le feu. Dès le début du carnage, madame Maigret mère, puis le docteur Merle ont vu la scène par-dessus les murailles et couru au consulat de France.

Apprenant que M. E. Neuville est en conférence avec le caïd, ils demandent qu'on l'avertisse sur-le-champ, puis retournent sur leur terrasse observer la suite des événements. M. Fournier, représentant de la Compagnie marocaine, se rend en hâte chez Si Bou Bekr et interrompt la conversation consulaire, en annonçant à l'assemblée les crimes qui se commettent. Le gouverneur venait de distribuer de belles promesses de sécurité. Il manifeste une vive émotion ; il accable de reproches sa police et assure qu'il va prendre des mesures. Le corps consulaire et M. Fournier veulent que ce soit sur-le-champ et avec une force armée. Si Bou Bekr se trouble et avoue qu'il n'a pas de munitions à distribuer aux soldats. Mais de toutes parts on signale plusieurs tués et la situation critique des assiégés dans la maisonnette du chantier. Les consuls somment le caïd d'agir en personne et le rendent responsable du sang versé. M. Fournier et M. Philip, agent de la compagnie Paquet, font remarquer qu'il y a des cartouches à la douane et s'offrent d'aller les prendre, puis de se mettre à la tête des soldats de police. Le caïd atterré refuse aussi bien d'aller lui-même contre les émeutiers que d'y laisser partir M. Fournier, mais il n'ose pas refuser d'employer les cartouches de la douane. M. Philip et M. Fournier font la distribution eux-mêmes et pressent les *askris* (soldats) de courir sur les lieux. Ceux-ci prétendent alors ne pas avoir d'ordre. On retourne chez Si Bou Bekr; on l'oblige à ordonner nettement la répression.

La petite troupe se met en marche vers la carrière. Elle arrive longtemps après que tout est consommé; son intervention délivre au moins les ouvriers emprisonnés dans la maisonnette, qui criaient qu'ils n'étaient pas Français, ce qui était vrai; les excitations contre la France et ses entreprises avaient porté leurs fruits; les ouvriers furent frappés parce qu'on les croyait tous Français, en qualité d'employés de la Compagnie française du port. Quelques-uns durent leur salut à ce qu'ils purent expliquer en arabe qu'ils étaient d'une autre nationalité. Le mouvement allait bientôt dépasser les prévisions et s'étendre à tous les Européens. Mais au début les Français étaient seuls menacés.

Sur les représentations du consulat, Si Bou Bekr fit ramasser et apporter les cadavres en tas à la Marine; mais il refusa au nom d'une coutume religieuse de les laisser franchir la porte avant le coucher du soleil. Il fallut une démarche instante de M. Neuville pour qu'il revînt sur sa décision et fournît une escorte au funèbre cortège. Cette garde faillit renouveler elle-même le massacre. Une quinzaine de Français dévoués s'étaient rendus au port pour reconnaître les morts. Quand on souleva la bâche qui les recouvrait, les mutilations horribles et le ventre ouvert d'un ouvrier apparurent. A cette vue, M. Jourdan eut un mouvement d'indignation et se retourna en agitant les poings. Aussitôt les dix soldats d'escorte, prenant ou feignant de prendre ce geste inoffensif pour une menace, mettent en joue le petit groupe de Français. M. Philip, M. Fournier, quelques personnes, parlant l'arabe et très connues, s'interposent vivement, fournissent des explications; les fusils ne partent pas; mais l'attitude reste si menaçante qu'on renonce à rapporter les corps. Chacun s'éloigne à la faveur des discussions et des colloques entre la troupe et les assistants. Ce n'est que dans la nuit qu'on peut enlever les pauvres débris humains et les déposer au consulat de France.

Par la porte ouverte, entre qui veut. Tous nos nationaux, secoués par l'émotion, s'entretiennent des événements dans le jardin. Pendant qu'on discute la conduite à tenir, M. Neuville écrit son rapport. Le Dr Merle est chargé de le porter à Tanger par le navire *Mogador* qui lève l'ancre le soir même. Sur ce même vapeur, s'embarquent madame Merle, ses enfants et les familles juives les plus alarmées par le pillage de quelques boutiques du *mellah*. M. de Saint-Aulaire, après en avoir référé à Paris, envoie le commandant Ollivier. Les instructions verbales et écrites qu'il lui donne se résument ainsi : le *Galilée* se présentera le plus tôt possible devant Casablanca; sa mission consistera à assurer, d'accord avec le consulat, la protection et la sécurité des Français, comme des autres Européens en péril.

Par la suite, M. Maigret qui doit rejoindre son poste de vice-consul le lendemain, apportera les ordres complémentaires du Ministère. A Tanger, notre chargé d'affaires s'est rendu auprès de Si Torrès, délégué du Sultan à Tanger, et, après les représentations que mérite le meurtre de nos nationaux, s'est enquis de ses dispositions pour rétablir l'ordre. Le vieillard déplore son impuissance. Il annonce son intention d'envoyer sur place, par le prochain courrier, le caïd Si Allal ben Abd-el-Maleck, *khalifa* (lieutenant) du pacha de Tanger, avec une dizaine d'*askris*, quelques fusils et un chèque de dix mille douros. Devant des mesures si énergiques de la part de la première autorité marocaine, n'est-il pas évident que le *Galilée* ne doit compter sur aucun secours pour sauvegarder les existences en danger?

Tel est le drame dont nous reconstruisons les scènes en causant, tantôt au carré, tantôt sur la dunette, tandis que le navire file en hâte dans l'apaisement de la nuit vers la cité ensanglantée. Que s'est-il passé depuis mardi soir, c'est-à-dire pendant un jour et deux nuits, date des dernières nouvelles?

* * *

Jeudi, 1er août 1907. — De bonne heure, sur le pont du *Galilée*, chacun cherche avec sa jumelle la terre et les signaux du consulat. Mais une légère brume, fréquente en été, le matin, ne permet d'apercevoir la ville que vers sept heures.

Casablanca, en arabe *Dar el Beida* (maison blanche), s'étend, vue d'un navire, sur une côte plate que défend un sous-sol rocheux s'avançant en mer et présentant seulement deux étroites échancrures ; l'une forme le port appelé « la Marine » ; l'autre, en dehors de l'enceinte, est la crique des Barcasses ou de Sidi Bel Yout, du nom d'un marabout, patron musulman de la cité : sa mosquée, près de l'anse où on remise les barcasses, mais à l'intérieur des murs, se signale au loin par un long palmier penché, presque sans feuilles. La ville est fermée, entourée de murailles, même du côté du large, sans faubourgs apparents, composée de maisons blanches, étroitement tassées, semblables à des cubes de chaux percés de trous. Çà et là, surtout au centre, quelques constructions à étages, trois ou quatre minarets sans caractère, quelques tours carrées, dont celle du consulat d'Allemagne, dépassent les terrasses environnantes. Le rempart, qui longe la grève, se renfle vers son milieu, formant une sorte de bastion couronné de canons et dominant « la Marine ». A la gauche du bastion, une voûte fermée par une porte à deux vantaux ouvre la seule voie d'accès entre le port et la ville : c'est la Porte de la Douane. Après l'enceinte, s'évase la crique de Sidi Bel Yout; puis on aperçoit la carrière fatale, semblable à une dune effritée, dont le sable se confond avec celui du rivage.

A droite, la masse des constructions habitées s'arrête devant un vaste enclos désert, entouré d'un mur neuf, avec tours d'angles : c'est l'emplacement d'un quartier fermé qu'on aurait voulu autrefois assigner aux Européens. Sur leur refus de se laisser parquer comme les Juifs au *mellah*, le terrain est resté abandonné; il sert de loin en loin au campement des *mehallas* (armées) de passage. Autour de la ville, après une zone verdoyante de jardins, une plaine immense se relève lentement, à peine ondulée, à perte de vue, sans un arbre, sans un monument : la campagne apparaît poudroyante sous l'ardent soleil qui la dessèche et dorée par le chaume des céréales.

En approchant, nous distinguons près de l'anse de Sidi Bel Yout une foule d'Arabes gesticulant dont quelques-uns s'acharnent encore à dépecer la locomotive renversée et à enlever les restes de la voie Decauville. Aux abords de la Porte de la Douane, une autre agglomération d'aspect moins loqueteux et des soldats, reconnaissables à leur veste rouge, semblent observer les mouvements du navire. Au fond du port, quelques barcasses échouées. Sur rade, trois cargo-boats de pavillons français, anglais et allemand paraissent encombrés de passagers. Des drapeaux flottent au-dessus des demeures consulaires. Le nôtre surmonte une petite tour carrée près des remparts; il est en berne.

Nous mouillons vers 8 h. 1/2 à 1 500 mètres environ de la ville, en face de la Porte de la Marine. Le consulat signale en même temps par le code international que M. E. Neuville se rend à bord. Avant lui, accoste à la coupée un délégué du consulat d'Allemagne chargé de l'arraisonnement.

Au Maroc, chaque consul de carrière assume ce service à tour de rôle et précisément, avec le mois d'août, il incombe à un employé Allemand qui demande au docteur la patente de santé. Ce dernier déclare qu'il n'y a pas de malades à bord et que le *Galilée*, comme navire de guerre venant de Tanger, n'a pas de patente à présenter. Un peu gêné de ne pouvoir lire, comme il l'aurait fait sur une patente, le chiffre de l'équipage, des canons, du tonnage, et d'autres renseignements encore, le jeune homme découvre sa curiosité en demandant combien nous avons d'hommes et si d'autres navires vont arriver. Il s'étonne de retrouver peint en gris-bleuté le *Galilée*, l'ayant vu l'an dernier en blanc. Interrogé à son tour sur l'état de la ville, il ne sait pas combien il y a eu de morts dans la journée du 30 ni de quelle nationalité ils sont. Devant cette réserve jointe au désir d'être renseigné, le docteur Brunet rédige un certificat sanitaire, dépourvu d'indications, et l'agent de la santé n'insiste plus.

Vers 9 heures, arrive le gérant du consulat, M. E. Neuville, élève vice-consul, accompagné de M. Berti, agent des services de l'Emprunt marocain. Ils sont tous deux très émus. M. Neuville est en grande tenue. Pendant qu'il va conférer avec le commandant, nous demandons à M. Berti de nous mettre au courant des événements survenus après le départ du Dr Merle pour Tanger.

Les indigènes, auteurs ou spectateurs du massacre, étaient rentrés en ville, se vantant de leurs prouesses, agissant en maîtres des rues, proférant des cris de mort contre les Européens. Les femmes poussaient les *you you* qui retentissent dans les circonstances graves. En un clin d'œil, tous les commerçants ferment leurs devantures et la terreur se répand chez les familles juives, dont quelques-unes sont malmenées et pillées. Les plus exposées s'enfuient sur le *Mogador*. La panique est telle que les Juifs se laissent rançonner par les soldats et les barcassiers de la Marine pour s'embarquer coûte que coûte. Quant à la colonie française, elle se réunit au consulat ou dans des maisons faciles à défendre pour y passer la nuit. Le lendemain, 31 juillet, les Chaouias commandent en ville ; on est à la merci des tribus. Les chefs occupent la maison du caïd Si Bou Bekr. Les insultes et les cris hostiles aux Français retentissent de toutes parts : les réfugiés du consulat décident de prendre pour asile les navires en rade.

Comme il y avait péril à gagner la Marine sans protection

au milieu d'une foule hostile, M. Neuville alla demander au caïd une escorte. L'entrevue fut tumultueuse. Les délégués des tribus parlaient et discutaient aux lieu et place du gouverneur impuissant. Enfin ils consentirent à envoyer une garde, à condition que les Français seuls quittassent la ville, les autres Européens, disaient-ils, ne courant aucun danger. Leur assertion se vérifia. Quand, après avoir attendu plusieurs heures les *askris* qui les encadrèrent, les quelque deux cents personnes, hommes, femmes et enfants, décidés à gagner la rade, quittèrent le consulat de France, elles défilèrent dans les rues sous les menaces et les avanies qui ne s'adressaient qu'à leur qualité de Français ou de protégés français. On les fit arrêter trois fois sous prétexte d'encombrement, en réalité pour jouir de l'effroi des femmes qui se demandaient si elles allaient au massacre ou à un pire destin. Certains indigènes montraient leurs armes et faisaient mine de s'en servir, avec des rires de brutes heureuses. Aux fenêtres, des Européens d'autres nationalités regardaient, goguenards. Enfin le convoi parvint à la grève. Là, soldats et bateliers prirent un malin plaisir à retarder l'embarquement des plus pressés afin de leur extorquer le plus d'argent possible. Les barcasses s'éloignèrent sous les insultes et les cris. Le *Constantin* de la Compagnie Havraise Péninsulaire, l'*Oued Sebou* de la Compagnie Paquet et un vapeur anglais, le *Demetian*, les recueillirent. Au consulat, ne restèrent auprès de M. Neuville qu'un petit nombre d'hommes : MM. Fournier, Philip, Guinard, Soufron, Merlin, Darrigues, Mercié, et deux femmes, madame Maigret mère avec son jeune fils, âgé de quinze ans, et madame Fournier, tous décidés à garder le pavillon jusqu'à la dernière extrémité. Si Bou Bekr supprime les gardes qui, la veille, avaient été placés moyennant rétribution devant les établissements européens. Le poste même du consulat, payé 100 francs, disparait.

Mouley-Lamin, l'oncle du Sultan, qui campait à quelques heures de Casablanca avec sa *mehalla*, apprenant les événements, accourt en ville et, voyant l'incapacité du gouverneur, se substitue à lui en attendant que le Magzhen accepte sa proposition de le remplacer par le caïd des Ouled-Harriz. Il informe aussitôt les consuls de son intention d'assurer la sécurité avec quelques centaines d'hommes qu'il a amenés et de nommer un autre gouverneur provisoire. Il envoie son khalifa (lieutenant), Si Allal-ben-Abbou, rassurer M. Neuville et lui dire qu'au cas où il se réfugierait en rade, il irait en personne occuper le consulat de France. Naturellement, on lui répondit qu'en aucun cas on n'abandonnerait le drapeau. Mais Mouley-Lamin donna une preuve de ses bonnes dispositions en mettant pour la nuit un détachement devant le consulat. Quand le *Galilée* fut en vue, le matin, le souci de sa responsabilité secoua encore davantage le vieil homme. Sa troupe alla garder les portes de la ville, avec mission d'empêcher les gens des tribus d'entrer. L'épuration intérieure commença par l'arrestation et l'expulsion des individus douteux. Les agitateurs, craignant la répression des Français, répandaient le bruit qu'à la moindre démonstration de la « frégate », ce serait le massacre général des Européens restés à Casablanca. Les Européens non Français allaient devenir des otages : nullement inquiétées jusqu'alors, les colonies étrangères menacées à leur tour feraient pression pour éviter un acte de force des Français ou limiter leur intervention. Ceux-ci passeraient ainsi aux yeux du peuple pour incapables de punir, comme de rétablir le contrôle de la douane et les travaux du port.

En attendant, Si Bou Bekr, compromis, affectait de payer de sa personne. Il accompagna lui-même M. Neuville à la Marine, quand il se rendit à bord du *Galilée*. Il devait aussi l'attendre pour le ramener, de façon à l'empêcher de demander une escorte de matelots. Le commandant Ollivier tomba d'accord sur les mesures à prendre, avec M. Neuville, qu'il connaissait de longue date, car il entretenait avec son père, consul général à Gibraltar, et sa famille, les meilleures relations d'amitié. Puisqu'aucune sécurité n'était assurée à nos nationaux, que le consul lui-même ne pouvait sortir qu'accompagné du caïd, que le mouvement menaçait de s'étendre contre toutes les personnes restées à terre, le *Galilée* allait fournir une garde de marins au consulat jusqu'à ce que l'on connût les dispositions du gouvernement. Actuellement il s'agissait — question exclusivement française — d'assurer le respect de notre représentant et du refuge que constituait le consulat.

On ne prétendait pas occuper quoi que ce fût de vive force,

dicter des conditions ou opérer un débarquement portant atteinte aux droits des autorités marocaines. On se contentait de se garantir soi-même contre un retour d'émeutiers ou d'assassins et contre l'hostilité déclarée des tribus. Si d'autres consulats croyaient devoir prendre également leurs précautions, le commandant Ollivier offrait de leur fournir une garde. Mais la faiblesse de son effectif obligeait à limiter à deux le nombre des consulats à protéger. M. Neuville aurait donc à aviser le corps consulaire de ces dispositions et demanderait au caïd le libre passage du détachement. On convint d'une série de signaux pour informer le *Galilée* de l'acceptation de Si Bou Bekr ou avertir qu'on devait aller d'office protéger le consulat en cas de danger pressant. Le commandant recommanda formellement de bien « affirmer au gouverneur que, toutes réserves faites sur la grave responsabilité encourue par lui pour le massacre que son impéritie n'avait pas su empêcher, nos opérations n'étaient nullement dirigées contre le représentant du Sultan, que c'était l'autorité de son maître qui devait être rétablie au plus tôt, qu'on voulait seulement, comme il le devait lui-même, assurer la protection de nos nationaux contre les rebelles, qu'enfin, il répondait désormais sur sa tête de la vie de nos ressortissants ». Pour appuyer sur-le-champ d'une façon éclatante les représentations du *Galilée* et affirmer son intention de ne pas rester inerte, le commandant donna l'ordre aux deux vapeurs, l'un allemand, l'autre anglais, qui étaient interposés entre la terre et son navire, de lever l'ancre et de se placer en arrière, afin que le champ de tir et la vue fussent dégagés.

Puis il décida que M. Neuville serait reconduit à la Marine, non pas dans sa barque marocaine, mais dans une baleinière, qu'escorteraient deux canots garnis de fusiliers et remorqués par la vedette. Pendant qu'on prenait ces dispositions, le consul vint serrer la main des officiers du carré. Il en connaissait personnellement trois, reçus très aimablement dans sa famille et qui le traitaient en camarade. On s'amusa à regarder par les sabords une scène comique d'enlèvement qui se passait à la coupée. On voulait garder sous la main la barcasse et les rameurs marocains qui avaient amené M. Neuville, jusqu'au retour à terre de celui-ci. Il s'agissait de s'emparer d'eux et de leur embarcation, mais en leur montrant qu'on ne leur voulait aucun mal. On leur fit donc signe d'accoster comme pour reprendre leur passager. A peine arrivés le long du bord, ils voient tomber des matelots postés sur l'échelle de coupée, qui sautent en riant dans la barque. Les uns saisissent les avirons, les autres poussent les Arabes à bord avec une telle promptitude que les barcassiers surpris ne songent même pas à ouvrir la bouche pour protester. En un clin d'œil, ils sont sur le pont, un peu penauds et mal rassurés ; mais, ne voyant que des figures joyeuses, ils prennent le parti de rire aussi sans savoir pourquoi. On les installe dans un coin avec du pain, de l'huile et des cigarettes, on leur explique qu'on leur rendra leur barcasse sitôt l'arrivée à terre de M. Neuville. Le consul prend alors congé, reconduit par le commandant et tous les officiers qui lui serrent la main. L'enseigne Leygue est chargé, comme officier de corvée, de la direction des canots d'escorte.

Il est onze heures du matin. Le commandant garde comme passager M. Berti, agent de l'Emprunt marocain, qui a installé il y a quinze jours le contrôle des douanes à Casablanca. M. Berti est accueilli avec empressement au carré, car c'est un compagnon de bonne humeur, très au courant des affaires indigènes qu'il a traitées longtemps en Tunisie.

Les canots, remplis de cols bleus autour du consul, étaient à peine partis que la colonie française, réfugiée sur les deux vapeurs qui changeaient de mouillage, manifesta combien elle approuvait de cœur la mesure prise par le commandant Ollivier. Dès que les embarcations arrivèrent à bonne portée de la voix, une formidable acclamation retentit : *Hourrah! hourrah! hourrah! vive le Galilée!* criaient les malheureux, massés sur le pont, en agitant des mouchoirs et des chapeaux.

Avec les jumelles, nous apercevons un mouvement inaccoutumé de Marocains sur la grève. Les cris des Français sur rade, les matelots armés, descendus du bord, l'enlèvement de la barcasse indigène, le déplacement des navires de commerce ne leur avaient pas échappé et l'anxiété d'avoir à régler les frais commençait à tenailler les notables. Aussi M. Neuville et le Dr Merle, lorsqu'ils mirent le pied sur la grève, où ils descendirent seuls, furent-ils reçus par Si Bou Bekr, les *oumanas* de la douane et leur suite, avec un redoublement d'honneurs, de prévenances, de promesses de sécurité. On les reconduisit pompeusement jusqu'au consulat en réitérant l'assurance qu'on prendrait des mesures énergiques pour purger la ville des malandrins, pourvu que la France fût clémente. En réalité, dès que les gens des tribus s'étaient rendu compte des mouvements de la « frégate », beaucoup avaient regagné la campagne. Les détachements placés par Moulay-Lamin aux portes laissaient sortir, mais non entrer. Les patrouilles parcourant les rues arrêtaient les vagabonds. Les boutiques étaient fermées; la population, invitée à rester dans les maisons. Au *mellah*, l'inquiétude des juifs n'avait pas diminué; au contraire, la peur engendrait une foule de bruits colportés de porte en porte : Casablanca allait être bombardée, à moins d'une forte rançon destinée à indemniser les Français. Naturellement les Arabes obligeraient les Israélites à fournir la forte somme. On se désolait d'échapper au pillage pour tomber dans la contribution de guerre ou d'avoir à choisir entre la ruine et l'incendie : pour échapper aux deux, l'exode continuait. On réalisait, on cachait, on enterrait, puis on gagnait les navires sur rade. Les soldats et les barcassiers de la Marine y trouvaient leur compte. Suivant la richesse de la famille et les figures plus ou moins bouleversées, ils réclamaient de 1 à 100 douros, soit de 4 à 400 francs, pour permettre l'embarquement. A la douane, les *oumanas*, ravis d'être débarrassés de leur contrôleur français, et les grosses maisons d'exportation étrangères, ayant retrouvé l'heureux temps où les droits se réglaient à l'amiable, se hâtaient d'en profiter. Des stocks énormes de grains s'écoulaient vers les navires sur rade.

A l'extérieur, en revanche, les tribus étaient déçues dans leur espoir d'une grosse rançon versée par le gouverneur à défaut d'un pillage partiel. Elles réunissaient des milliers de cavaliers pour occuper la ville; le difficile était de s'entendre et de porter les premiers coups; on parlementait et on répandait les menaces les plus effrayantes pour démoraliser l'adversaire. Mouley-Lamin disposait seulement de 500 hommes dont il n'était pas sûr. Il était certain qu'aucun de ces pauvres diables, jamais payés, ne résisterait à la tentation du pillage dès qu'elle s'offrirait. Les colonies étrangères étaient partagées entre deux craintes : celle des émeutes depuis que l'excitation contre les Français risquait de les englober, et celle de voir établir fortement les moyens d'action de rivaux gênants pour leurs affaires. On s'en aperçut au résultat de la conférence tenue dans l'après-midi entre les agents consulaires, qu'avait convoqués M. Neuville pour recevoir communication des décisions prises le matin à bord du *Galilée*. Il exposa que la garde pacifique du consulat de France par des marins donnerait à réfléchir aux Marocains, pousserait les autorités à faire les derniers efforts en faveur de l'ordre, rendrait hésitants les agitateurs et, au pis aller, assurerait à tous les Européens un refuge contre l'émeute, qu'en tout cas c'était une mesure de sauvegarde exclusivement française, répondant à l'expulsion exclusive des Français, aux traitements qu'ils avaient subis et subissaient encore, enfin, que, pour l'avenir, elle prévenait toute complication : l'assemblée consulaire y voulut voir un débarquement guerrier, les allures d'une protection internationale avec occupation partielle de Casablanca, qu'évidemment le *Galilée* n'était pas à même de réaliser et n'avait jamais songé à effectuer avec ses seules forces. Exagérée ou non, cette crainte conduisit à avertir le gouverneur :

1° Qu'il eût à dégager la voie du chemin de fer ;

2° Qu'il eût à assurer le libre accès de la Marine ainsi que le passage des Français et des Européens.

Ces conditions furent aussitôt traduites au caïd Si Bou Bekr qui assistait à la séance et s'empressa de les accepter.

Pendant ce temps, à bord, les exercices, prévus pour l'après-midi au tableau de service, s'exécutent comme d'habitude. On a mis les fusiliers à l'exercice de la compagnie de débarquement et les canonniers à l'exercice de pointage des pièces. Ces mouvements sont suivis à la jumelle avec attention par les navires sur rade, spécialement par le vapeur allemand, qui les interprète sans doute comme des préparatifs belliqueux, car il signale au *Galilée* par le code international : « Croiseur, quelles sont vos intentions ? » On lui répond poliment : « Pourquoi faites-vous cette question ? » La conversation en reste là.

Vers quatre heures, M. Neuville, accompagné de M. Madden, consul d'Angleterre, apporte le procès-verbal de la conférence consulaire. Le commandant Ollivier, en prenant acte des décisions, charge notre représentant de « signifier de sa part au gouverneur qu'il consent provisoirement à surseoir aux mesures annoncées le matin, mais que, le lendemain, il a l'intention de se rendre au consulat, que Si Bou Bekr ait à venir le recevoir au débarcadère pour l'accompagner jusqu'à la maison de France où l'on présenterait au consul et au commandant des excuses pour les faits monstrueux qui s'étaient passés ».

Lorsque le consul d'Angleterre quitta le bord avec M. Neuville, on leur rendit les honneurs réglementaires. Les batteries marocaines feignirent de croire à un salut à la terre et répondirent par un même nombre de coups. Peu après, le gouverneur, dans la joie d'avoir esquivé toute démonstration de la frégate, voulut même lui envoyer la *mouna*, sorte de cadeau composé de provisions diverses : bœufs, moutons, fruits, etc., qui se paient d'ailleurs généreusement. M. Neuville averti fit rentrer au port la barcasse portant les présents intempestifs et signala : « Une barcasse allait à bord porter des vivres cadeau du caïd; consul l'a fait retourner; caïd m'a promis de faire retirer les gens des tribus ce soir avant neuf heures; mais je l'en crois incapable; à moins d'imprévu nous irons vous attendre demain à neuf heures ».

L'intermédiaire chargé des communications aériennes est le quartier-maître de timonerie Tardivel : installé sur la terrasse du consulat, il doit transmettre le jour par signaux à bras, le soir par le fanal, les messages que la timonerie du bord interprète. Vers dix heures, le calme de la rade assoupie règne sans doute également à terre, car les demandes de renseignements qu'on essaye d'envoyer restent sans réponse.

Vendredi, 2 août 1907. — Les communications ne reprennent que vers sept heures du matin entre le consulat et le *Galilée*. M. Neuville signale : « Caïd m'écrit et dit avoir commencé à expulser les gens des tribus; le reste partira ce matin; je vous attends à neuf heures ».

Mouley-Lamin tentait l'épuration de la ville; mais l'agitation dans la banlieue redoublait et s'étendait. Les nouvelles transmises jusqu'à Mazaghan avaient réveillé les mêmes instincts, les mêmes espoirs de trouble et de pillage. Le vice-consul d'Angleterre à Mazaghan, M. Spinney, se fit l'interprète de la colonie européenne dans une lettre à sa sœur, retenue à Casablanca auprès d'un malade. La lettre fut communiquée à M. Neuville, qui signala vers huit heures : « Vice-consul anglais à Mazaghan réclame l'envoi d'un navire de guerre. Je propose d'envoyer l'*Oued-Sebou* avec un officier et quelques hommes. » Le *Galilée* était le seul navire de guerre sur la côte ; il fallait bien recourir à un bâtiment de commerce pour servir de refuge en rade de Mazaghan, et le consul avait choisi un bâtiment français de la Compagnie Paquet qu'il pouvait noliser facilement. Le commandant Ollivier, pensant qu'un vapeur de commerce, si on en jugeait par les événements de Casablanca, ne calmerait pas suffisamment les Marocains, proposa de se rendre lui-même, pour quelques heures, à Mazaghan, et d'y exercer l'action de présence à laquelle on limitait son rôle actuel. Le consul s'y opposa, le *Galilée* ne pouvant, selon lui, quitter Casablanca sans danger pour les Européens ; mais le départ de l'*Oued-Sebou* fut suspendu.

Suivant sa promesse de la veille, confirmée encore le matin, le commandant se rend à la Marine à neuf heures. Il avait demandé à M. Luret et à deux officiers de l'accompagner. Le tour désigna les deux officiers mécaniciens, MM. Baroux et Arnaud. Deux canots armés les accompagnèrent, car on ne voyait pas sur la grève les personnages officiels qui devaient venir au-devant d'eux. Enfin arrivèrent Si Bou Bekr, les *oumanas*, quelques notables, un piquet de soldats, et le cortège s'achemina vers le consulat de France. La séance ne fut pas imposante. Quelques Français, restés à terre, se joignirent à l'assemblée et l'on parla sans s'être concerté à l'avance entre soi ou avec le consul. Les avis émis étaient diversement accueillis ; on avait plutôt l'impression de pourparlers que d'une autorité posant ses conditions. Comme le gouverneur répétait qu'il garantissait l'ordre, M. Fournier, directeur des travaux du port, demande à reprendre le travail. Immédiatement le caïd déclare que ce n'est pas possible. A son tour, M. Luret, représentant l'Emprunt marocain gagé sur les Douanes, réclame la reprise du contrôle. Nouvelle impossibilité. Le commandant Ollivier propose de mettre une garde au consulat et de se rendre avec le *Galilée* à Mazaghan au secours des Européens. Il ne faut pas y songer non plus : la situation ne permet ni de s'éloigner, ni de débarquer, ni de rien changer à l'état dont on se plaint : à ce prix, on promet une sécurité que personne n'assure et qui laisse sur rade nos compatriotes expulsés. La seule résolution acceptée est l'envoi d'un courrier qui demandera des nouvelles complémentaires au vice-consul de France à Mazaghan. Au moment de lever la séance, Si Bou Bekr se décide à présenter sommairement des excuses et des regrets, avec un appel au pardon de la France.

Précisément on enterrait alors dans le jardin du consulat les cercueils contenant les restes des ouvriers français assassinés. Des fenêtres, on apercevait les indigènes chargés de cette triste besogne, remuant la terre en hâte, sans un assistant. Il était si peu vrai que la tranquillité fût assurée qu'on n'avait pas osé porter les morts jusqu'au cimetière : le matin, le champ de repos situé à la porte de la ville avait été envahi, souillé et saccagé par les Chaouias. Après avoir rendu hommage aux victimes du 30 juillet, près de leur fosse à peine comblée, le commandant et les deux officiers rentrèrent à bord vers onze heures.

A une heure, mouille sur rade le vapeur espagnol *James Haynes*. Il porte le *khalifa* (lieutenant), envoyé par Si Torres au nom du Sultan, et M. Maigret, vice-consul de Casablanca, qui rejoint son poste après avoir laissé sa femme malade dans sa famille à Gibraltar. M. Maigret a quitté Tanger hier, 1er août, à cinq heures et demie du soir. Il a pu recevoir de M. de Saint-Aulaire les premières instructions de Paris et connaître les dispositions énergiques du gouvernement. La sympathie du *Galilée* lui est acquise par avance, car il est le gendre de M. Neuville, consul général de France à Gibraltar, et il participe aux excellentes relations que les officiers entretiennent avec sa famille. Par son grade, il reprend la gérance du consulat de Casablanca à son beau-frère, M. E. Neuville ; mais, à cause de cette parenté, la confiance réciproque, le libre échange des opinions et l'abandon des formes officielles restent les mêmes entre eux et le navire.

Pendant que M. Maigret, qui s'est rendu directement du

James Haynes sur le *Galilée*, se met au courant chez le commandant des derniers événements, le timonier de veille apporte à deux heures dix le signal suivant du consulat : « Ce matin quelques gens des tribus ont voulu forcer une porte de la ville. On a pu à grand'peine défendre cette porte. Un soldat du Sultan aurait été tué ainsi que deux rebelles. Je demande au caïd de la faire dégager. »

Au cours de l'après-midi, nous suivons à la jumelle une série de petits engagements entre les pelotons de Mouley-Lamin et les cavaliers des tribus. A la vérité, personne ne se fait grand mal. On cavalcade en fantasia, en soulevant beaucoup de poussière ; on crie, on gesticule, on se provoque en s'injuriant ; de temps en temps, on tire un coup de fusil sans viser, en se sauvant à toute vitesse. Quand on s'est livré à cet exercice intrépide pendant quelques heures, le plus fatigué s'en retourne se reposer. Parfois une balle perdue fait une victime.

M. Maigret a demandé à descendre à terre seul et à n'être reçu par personne. Il s'embarque à deux heures cinquante-cinq. A trois heures deux, nous recevons du consulat l'avis suivant : « Le caïd m'a fait savoir que les canots ayant quitté le bord s'exposent à recevoir des coups de fusil de la part des gens de la campagne ». On signale immédiatement à l'officier chargé de conduire M. Maigret : « Méfiez-vous au débarquement », et à M. Neuville : « Rappelez au caïd que si les nomades tirent sur les embarcations, le *Galilée* tirera sur eux à obus ». Peut-être, l'astucieux Si Bou Bekr avait-il seulement en vue d'empêcher les marins d'accompagner M. Maigret jusqu'au consulat. En tout cas le retour s'opéra sans incidents. En dehors des murs et près de la porte, les pelotons de Mouley-Lamin continuèrent leurs patrouilles jusqu'à la nuit tombante pour montrer au consul le zèle du caïd. Vers quatre heures, une bande de campagnards, que n'avaient pas arrêtés les cris de la *mehalla* chérifienne, reçut quelques coups de fusil et rebroussa chemin. A six heures, M. Maigret signala : « Le caïd a fait dégager la voie et m'a promis de laisser les gardes de Mouley-Lamin ».

Nous recevons pendant ce temps la visite de M. Fournier, l'actif et courageux directeur des travaux de la Compagnie du port. Quoique son entreprise soit spécialement visée par les meneurs, il n'a pas voulu abandonner ses chantiers et il tient à rester en ville avec sa femme. Fort de son droit, juste avec les Arabes, les menaces ne l'intimident pas et on le respecte parce qu'il est énergique. Par contre, 350 familles juives partent vers sept heures du soir pour Tanger, sur le *Constantin* de la Compagnie Havraise Péninsulaire. Avant l'appareillage, quelques Français, qui s'étaient réfugiés à bord depuis deux jours, débarquent pour rentrer en ville : parmi eux, MM. Naissant, contrôleur des travaux du port, Alexandre, représentant de la maison Saint frères, Guyot et Peytral.

Pendant le dîner, le consulat nous donne l'alarme (sept heures trente-cinq) : « Mauvaises nouvelles de l'intérieur, soyez très attentifs aux signaux cette nuit ». Le commandant demande aussitôt (huit heures trente) : « Est-ce que vous craignez d'être attaqué au consulat cette nuit? » Réponse (neuf heures trente) : « Non, mais les nouvelles sont confirmées que les tribus attaqueront Casablanca demain matin, soyez prêts ». Le commandant Ollivier mesure la difficulté de porter secours au dernier moment, en pleine mêlée, en face de forces inconnues, et l'avantage de prévenir au moins l'attaque pour ne pas être à la merci de l'adversaire; il renouvelle à dix heures quarante sa proposition d'une garde pacifique. « Ne voulez-vous pas que nous envoyons un détachement au consulat demain matin au jour? Si oui, faites savoir si caïd accepte. » M. Maigret en avise le gouverneur qui s'empresse d'esquiver l'offre, au moins d'en retarder l'exécution. C'est l'impression qui se dégage des termes suivants transmis à onze heures vingt : « Mouley-Lamin et le caïd nous confirment en personne que les tribus viendront demain matin, qu'ils espèrent arranger les choses pacifiquement. Tenez-vous prêts; mais, quoi qu'il arrive, attendez notre signal. »

Sur cette phrase peu rassurante, le commandant donne des ordres pour que fusiliers et canonniers soient réveillés le lendemain à quatre heures et demie. Le navire restera embossé et gardera ses embarcations à l'eau le long du bord. La recommandation du consul : « Tenez-vous prêts » est ainsi exécutée à la lettre. On s'endort perplexe, en cherchant le bilan de cette journée où promesses de calme et nouvelles alarmantes, dispositions pacifiques et menaces belliqueuses n'ont cessé de s'entrechoquer.

*
* *

Samedi, 3 août 1907. — L'assaut escompté se borne à une petite escarmouche des cavaliers de Mouley-Lamin chargés d'empêcher les tribus de rentrer.

A la suite de l'incendie de quelques gourbis près de la porte, les troupes chérifiennes font une sortie. La fusillade s'engage et deux rebelles tombent. Les gens des tribus n'insistent pas. On les voit se replier à petite distance, où ils tiennent la campagne, détachant de temps en temps vers l'intérieur des estafettes chargées d'apporter des renseignements aux délégués des tribus Chaouias réunis à Ber-Réchid pour délibérer. Au Maroc, les heures passent sans compter; on se décide lentement; une seule chose va vite : la transmission des nouvelles. A la suite du massacre des Français, le mouvement xénophobe, comme les ondes d'une pierre dans une mare, se propage en s'élargissant et l'immense plaine dont Casablanca est le centre frémit jusqu'à ses confins : Rabat au nord, Mazaghan au sud.

Mouley-Lamin, seul, essaie de purger la ville de ses éléments douteux qui vont renforcer les campagnards fanatiques. Les citadins ont reçu l'ordre de se renfermer chez eux. Ceux qui sortent se hâtent dans les rues en rasant les murs. Ils jettent des regards de colère sur les passants européens, comme sur les auteurs du châtiment qu'ils sentent venir, car le bruit court déjà de l'arrivée d'une flotte vengeresse. Quelques familles des colonies étrangères se réfugient sur les navires en rade. Les juifs continuent à fuir le *mellah* en masse et des scènes tragi-comiques se passent à la Marine avec les bateliers et les débardeurs. Tantôt ceux-ci laissent tomber à l'eau les malles pesantes, soupçonnées de renfermer des objets de valeur, et demandent des prix exorbitants pour les repêcher; tantôt ceux-là portent séparément dans la barcasse les membres d'une même famille et en abandonnent un sur la grève. Alors pour transporter le mari, la femme ou l'enfant laissés pour compte et qui poussent des cris déchirants, il faut payer de nouveau. Marchandages, pleurs, objurgations, raisonnements, scènes d'apitoiement, menaces ironiques des rusés compères, se succèdent tant qu'on ne débourse pas les douros.

A neuf heures et demie, M. Maigret et M. Neuville viennent à bord conférer avec le commandant. D'après eux, Mouley-Lamin, convaincu de sa responsabilité, est sincère et cherche à garantir l'ordre, mais il ne répond ni des biens ni de la vie des Européens en cas d'attaque de Casablanca par les deux mille cavaliers signalés aux environs. Le commandant fait observer qu'au moment du rassemblement des tribus sous les murs de la ville ou d'un assaut qui forcera une porte, il sera bien tard pour assurer la protection efficace des Européens réfugiés dans les consulats. On ne pourra les dégager alors qu'en s'exposant à des pertes énormes. Il faudrait au moins un noyau de défenseurs dans la place pour faciliter le débarquement des secours. Le vice-consul reconnaît la justesse de cette vue et exprime le désir d'avoir au consulat quelques mousquetons et des cartouches. Il propose aussi l'envoi d'un officier et de quelques marins en civil qui débarqueraient en même temps que lui. Le commandant Ollivier accorde volontiers armes et munitions, mais remarque que la feinte des vêtements civils ne tromperait personne car, à supposer qu'au débarcadère elle dupât les Marocains, une heure après elle se saurait en ville et prêterait à une opinion erronée sur les sentiments qui nous animent, sans compter les difficultés qu'elle soulève au point de vue militaire. M. Maigret se rend au raisonnement. Les hommes descendront en tenue, le revolver sous les vêtements. Il est convenu que l'enseigne fusilier, M. Cosme, ira demeurer au consulat pour le mettre en état de défense et le garder avec une dizaine de marins qu'on enverra par groupes de deux ou trois, en plusieurs voyages. En retournant à terre, avec deux marins, le consul emporte deux grandes malles, contenant 15 mousquetons et 1000 cartouches.

Nous gardons à déjeuner au carré M. Darmet, agent du contrôle de l'Emprunt marocain, installé récemment par M. Berti. M. Darmet est marié et père de famille. Spécialement mal vu dans les troubles actuels, à cause de sa fonction et de son intégrité, il a dû se réfugier avec les siens sur le vapeur anglais *Demetian* de Cardiff, où il campe sur le pont dans un dénûment complet, avec 140 personnes environ, en majorité des Français ou des protégés français, qui sont dans la même détresse. Après le massacre du 30 juillet, les familles françaises s'étaient donné rendez-vous au consulat pour y passer la nuit et se défendre en cas d'attaque. La circulation dans les rues était si dangereuse qu'elles n'osèrent pas retourner chez elles le lendemain. Dirigées sous escorte sur les navires en rade, elles furent donc embarquées sans vivres, sans objets de couchage, de cuisine ou de propreté. Et, depuis, elles sont restées sur le pont, entassées, conservant l'existence, mais sans moyen de l'entretenir : pas de couvertures, de linge, d'assiettes, de casseroles, d'objets pour se nettoyer ou se nourrir. Le capitaine anglais, William Jones, et son équipage se montrent d'une complaisance et d'un dévouement touchants. Ils ont tenu à offrir leurs cabines et leurs postes aux femmes et aux enfants. Ils se multiplient pour rendre service à chacun. Ils ont donné tout ce qu'ils avaient. Mais comment l'obligeance d'une dizaine d'hommes pourrait-elle entretenir cent quarante malheureux de tout âge?

Il est entendu aussitôt que le *Galilée* leur donnera la vaisselle, les ustensiles et les provisions de première nécessité, afin de ne pas les laisser à la merci des barques marocaines qui ne leur apportent du pain qu'à des prix de famine. Ces détails nous sont confirmés par MM. Bienaimé et Charpentier, l'un directeur et l'autre sous-directeur de l'agence de la Compagnie algérienne à Casablanca, qui se sont également refugiés en rade depuis plusieurs jours. Ils viennent demander au commandant Ollivier d'être recueillis à bord du *Galilée*. Sur le désir du commandant, ces deux jeunes gens sont reçus au carré. Nous avons ensuite la visite de M. Philip, représentant de la Compagnie Paquet. Énergique et souriant, il n'a pas quitté la ville; il ne craint pas de se montrer et de circuler partout où l'appellent ses affaires. Les nouvelles qu'il nous apporte ne sont cependant pas rassurantes : Casablanca se vide à vue d'œil; les rues sont désertes; le commerce est arrêté; la sécurité dépend des tribus. A deux heures, notre camarade Cosme part avec lui pour se rendre au consulat, accompagné de deux marins. Dans les bagages, sont de nouvelles munitions. Ce premier échelon parvient à la maison de France sans encombre. Un second groupe, composé de M. Luret et de quatre matelots, quitte le *Galilée* à trois heures trente. Un soldat du caïd va seul les attendre et les conduire.

Quand M. Luret, revient vers quatre heures et demie, son impression est la même que celle de M. Philipp. Les boutiques sont fermées ; très peu de passants dans les rues ; les indigènes hâtent le pas, ne s'arrêtant plus pour causer entre eux. Quelques Européens circulent, suivis d'un askri en armes. On a répandu le bruit d'un assaut des tribus, et chacun se sait sans défense. Les pillards de la campagne, s'ils mettent la ville à sac, ne respecteront pas plus les musulmans que les chrétiens. L'anxiété du lendemain et l'abattement silencieux ont succédé aux manifestations contre les Européens. D'ailleurs, les nouvelles de l'extérieur augmentent les appréhensions. De Ber Rechid, on annonce toujours l'attaque et la prise de Casablanca pour le jour suivant. A Mazaghan, on s'attend au pillage. A Rabat, l'agitation est menaçante pour la vie des Européens. Vers huit heures et demie, le consulat signale au *Galilée* : « Lettre du vice-consul de France à Rabat : A la suite des événements de Casablanca, une vive effervescence s'est manifestée à Rabat. Européens en danger. Si, comme on le dit, il y a deux croiseurs à Casablanca, envoyez-en un d'urgence ».

Le commandant répond aussitôt : « Consul pense-t-il que *Galilée* peut partir ? » M. Maigret s'y oppose, mais songe à utiliser alors le navire de commerce francais *Oued-Sebou* dont le départ avait été différé. Deux heures après, au moment où l'*Oued-Sebou* appareille afin de porter secours à nos compatriotes de Rabat, le *Maroco* lève l'ancre pour servir de refuge, également, à Mazaghan où les craintes sont aussi vives.

Quelle situation pour le *Galilée* ! Comment résoudre le problème angoissant qui se pose en trois endroits à la fois ?

Le commandant Ollivier garde son sang-froid. Après avoir commenté très tard dans la nuit les nouvelles pessimistes de la côte : « Il faut cependant aller se coucher, — me dit-il, — et chercher à dormir : avez-vous au carré le dernier numéro de votre journal toulonnais ! Ce n'est pas pour les nouvelles ; c'est pour le feuilleton ».

***

Dimanche, 4 août 1907. — Les vapeurs arrivés sur rade apportent des indications vagues sur les navires de guerre et les troupes que le gouvernement français envoie à Casablanca pour tirer justice des assassins. On ne sait pas exactement le nom des croiseurs, mais la force navale en route est imposante. Tout le monde l'attend à Casablanca. Des « frégates » sont toujours venues après les meurtres se livrer à des démonstrations; cette fois les nations atteintes exigeront des sanctions. Les notables de la ville et Mouley-Lamin sentant leur responsabilité se sont demandé comment ils pourraient atténuer le ressentiment français. Suivant son habitude dans les moments de crise, le Maghzen a demandé ses inspirations à différentes sources. Quand il est embarrassé des exigences d'un diplomate ou d'un consul, il consulte secrètement une autre nation, parfois même plusieurs, et, suivant les réponses, il se décide.

Un des agents consulaires le mieux informés (il me l'a raconté au cours d'une traversée sur le *Galilée* plus tard) a été pressenti à deux reprises pendant la journée du 4 août : il n'hésita pas à développer ce raisonnement, — extrêmement avantageux pour tous les intéressés quels qu'ils fussent, — que la meilleure façon de désarmer les forces attendues était d'autoriser une garde de marins à entrer pacifiquement au consulat le plus tôt possible; cette solution, qui n'offrait aucun inconvénient et qui aurait les meilleurs résultats, à condition que les autorités marocaines assurassent un débarquement pacifique, faisait d'abord éclater la sincérité des intentions de Mouley-Lamin et le mettait hors de cause, dans l'enquête sur les responsabilités qui aurait lieu un jour ou l'autre : lorsque les navires se présenteraient, trouvant le consulat occupé et la ville calme, quelle action pourraient-ils engager? Tout prétexte d'intervention militaire disparaissait : « Qu'exigez-vous de plus? aurait-on dit; des excuses, des indemnités, des garanties pour l'avenir, le châtiment des coupables? vous les aurez; mais toute raison de vous installer à terre a disparu. » On pouvait craindre l'attaque des tribus mécontentes de l'entrée des marins français au consulat; avec l'appui des troupes européennes et la protection des canons des navires, on éviterait le pillage et on limiterait certainement le dommage.

Le mieux était donc de laisser les Français réfugiés sur rade rentrer en ville, et les marins du *Galilée* aller au consulat. En laissant quelques douzaines de matelots renforcer ceux qui s'y trouvaient déjà, et s'opposer à un coup de force des tribus, on évitait le débarquement des milliers de soldats transportés par les frégates; mais il fallait prendre les devants, supprimer les raisons d'intervenir, en acceptant une garde autorisée. Le raisonnement était conforme à l'intérêt marocain, conforme aussi à l'intérêt des colonies étrangères : on diminuait les chances de désordre, on ne lésait pas les affaires, on laissait la parole à la diplomatie, et la France recevait le minimum de satisfaction indispensable à son amour-propre. Il est certain qu'il fit de l'impression sur Mouley-Lamin. Mais, ne sachant pas se décider rapidement, suivant l'usage de la politique maghzen, Mouley pesa le pour et le contre ou peut-être même soumit confidentiellement à d'autres conseillers l'avis qui lui semblait pénible pour sa fierté nationale et susceptible d'être critiqué plus tard à Fez, si tout s'arrangeait au dernier moment.

Le commandant Ollivier visite l'installation de ses hommes au consulat vers dix heures. Il a emmené deux marins avec lui, ce qui porte à dix, non compris l'enseigne Cosme, l'effectif détaché du *Galilée* à terre. Quelques Français restés ou revenus à Casablanca s'étaient placés comme soldats volontaires sous les ordres de Cosme, qui leur avait assigné un poste, des heures de garde et d'exercice. MM. Houel, Peytral, Charpentier et Mercié avaient reçu un mousqueton; MM. Fournier, Darrigues, Lévy, Souffron, Théboul, Merlin et Guinard, un revolver. Les issues avaient été barricadées ou obturées; un barrage en fil de fer fermait l'entrée principale par le jardin. En cas d'alerte, chacun avait sa place marquée et son rôle indiqué dans un ordre affiché dans le vestibule :

Dès que l'alarme est donnée par des sons de cornet à bouquin, les volontaires et les marins s'arment et prennent les postes suivants :

Noms.	Postes.	Armement.
Quartier-maître Tardivel.	Signaux.	Revolver.
M. Houel	Cotons pour signaux.	Mousqueton.
M. Théboul	Poste n° 4.	Revolver.
M. Merlin	Poste n° 3.	Revolver.
M. Guinard	Poste n° 2.	Revolver.
M. Souffron	Escalier.	Revolver.

Les volontaires non cités précédemment se réunissent sur la grande plate-forme sous les ordres de M. Philipp. Les marins armés de mousquetons sous les ordres du canonnier Alquier se rassemblent sur un rang devant la porte du Consulat jusqu'au moment où le quartier-maître armurier qui, au début, reste dans la salle d'armes pour distribuer les armes et les cartouches, vient prendre le commandement des marins à la place d'Alquier. Ils ne quittent ce poste, ne font aucun mouvement, ne tirent aucune cartouche sans un ordre formel de l'officier commandant la défense. Chaque personne doit avoir comme munitions : revolver, 6 paquets; mousqueton, 6 chargeurs. Le timonier Verhoeven sert d'estafette.

En plus de son rôle défensif, la petite troupe était chargée de faciliter l'accès du consulat en cas d'un débarquement de vive force qui s'opérerait par la plage de Sidi Bel Yout et le groupe de maisons attenant aux consulats de France et de Portugal.

Le commandant Ollivier rentra à bord pour déjeuner, très satisfait des dispositions et des consignes que Cosme lui avait soumises. A l'extérieur, les bandes, chargées par les tribus de surveiller la ville, continuaient leurs démonstrations offensives. Craignant d'échanger des coups de fusils trop près des portes où les soldats de Mouley-Lamin, abrités par la muraille, avaient l'avantage, elles essayèrent de les entraîner en rase campagne, en mettant à sac la ferme Soudan située à trois kilomètres environ de l'enceinte. A onze heures quarante-cinq, le consulat nous signale : « Maison inhabitée de M. Soudan, actuellement à la charge de M. Fournier, vient d'être entièrement saccagée et démolie. »

Il n'eût pas été prudent de la part du gouverneur de s'y opposer avec sa police, car rien n'aurait retenu ses hommes devant une occasion de pillage. Le danger de l'affaire Soudan était moins dans le dommage causé, que dans la tentative non réfrénée et la convoitise allumée. En déjeunant, nous ne pouvions nous empêcher de penser à la détresse de nos compatriotes réfugiés sur le *Demetian*, que nous avait signalée la veille M. Darmet; le commandant, M. Luret et le Dr Brunet décidèrent d'aller les visiter au début de l'après-midi.

Ils trouvent le pont du navire au-dessus des cales à grain, entièrement tendu de nattes ou de débris d'étoffes, sur lesquels grouille ou s'accroupit une population tellement serrée qu'on a peine à passer entre les groupes. Cent quarante personnes, sans compter les enfants, vivent entassées depuis plusieurs jours, sans pouvoir se laver, changer de linge, se remuer ou préparer leur nourriture. Chacun reste assis sur ses talons ou couché pour garder sa place. Les groupes se surveillent pour empêcher l'empiétement des jambes ou des corps sur leur petit emplacement. Les femmes s'étaient enfuies comme elles étaient le soir du 30 juillet, et, depuis cinq jours, avaient dû rester telles quelles, n'ayant pas même une toile pour se préserver de la rosée de la nuit. Les enfants, privés de lait ou d'aliments convenables, étaient en grand nombre atteints de diarrhée verte et se contagionnaient les uns les autres. Des vieux masquaient de leur mieux leurs infirmités étalées en public en s'excusant auprès de ceux qui les serraient de plus près. L'anémie, la fièvre, les troubles intestinaux s'exagéraient chez ceux qui souffraient déjà des fortes chaleurs de l'été. Les figures pâlies, les yeux cernés, l'aspect languissant des groupes décelaient les effets dangereux d'une telle agglomération et de son odeur écœurante. Quoiqu'ayant le visage déformé par une fluxion, le capitaine William Jones avait donné sa cabine et prêté tous ses objets personnels, même son linge, aux plus nécessiteux. On réconforta ces pauvres gens ; on leur distribua du vin de quinquina, et il fut convenu que dans une deuxième visite on leur apporterait les médicaments et les objets les plus urgents.

En rentrant à bord, le commandant trouve M. Maigret. Mis au courant de cette situation des familles françaises, il décide aussitôt de se rendre sur le *Demetian* avec le Dr Brunet qui y retourne chargé de drogues et de pansements. Il n'eut pas de peine à se convaincre, comme le médecin, qu'une évacuation s'imposait le plus tôt possible. dès le soir même de préférence.

Mouley-Lamin averti facilita l'envoi de barcasses au *Demetian*, car la rentrée des Français en ville correspondait parfaitement à la première partie des conseils qu'il avait intérêt à suivre. A six heures trente, le consulat signale : « Tout est arrangé; barcasse ira prendre ce soir Français qui veulent débarquer. » Presque immédiatement après, à six heures cinquante, il ajoute : « Si le débarquement a lieu, Mouley-Lamin est décidé à donner les clefs de la ville. »

Que s'était-il passé? Mouley-Lamin avait une deuxième fois demandé confidentiellement conseil à l'agent consulaire bien informé, qui lui avait fait répéter le raisonnement du matin et n'avait pu que l'engager à s'y conformer le plus tôt possible. Le bruit courait depuis le début de l'après-midi à Casablanca que le *Galilée* avait reconnu par sa télégraphie sans fil l'approche du *Du Chayla* et qu'un navire de guerre espagnol, venant des Canaries, allait arriver d'un moment à l'autre. En dehors des nouvelles répandues à terre et venant de Tanger, l'enseigne de vaisseau Leygue avait assuré le petit détachement du consulat que nous ne tarderions pas à être en communication avec le *Du Chayla*. Prié par Cosme de lui apporter un cornet à bouquin pour appeler le personnel de la défense en cas d'attaque, il était arrivé vers trois heures au consulat, avait causé avec les marins et les volontaires français, avides de renseignements, de sorte qu'avant qu'il eût regagné le bord vers cinq heures, ses paroles avaient déjà fait le tour de la ville.

A six heures précises le *Galilée* put déchiffrer le premier signal du *Du Chayla* : « Où êtes-vous? »

L'arrivée tant attendue de nouveaux navires avait été annoncée aussitôt avec des démonstrations de joie aux Arabes, comme le commencement de la revanche. Mouley-Lamin avait de nouveau pris conseil. Le retour des Français de Casablanca chez eux et l'autorisation de débarquer une garde au consulat, c'était le seul moyen de sauvegarder sa responsabilité vis-à-vis de l'Européen vainqueur, de prévenir l'emploi des troupes dans le châtiment des coupables, de limiter les complications avec les tribus et de s'assurer un minimum de protection contre elles. Mais ne pouvant pas décemment, lui, l'oncle du Sultan, livrer Casablanca au consul de France, Mouley-Lamin laissa entendre qu'il ne s'opposerait pas à un débarquement des marins du *Galilée* pour garder leur consulat.

Le consulat signale à huit heures dix : « Mauvaises nouvelles de Rabat. Européens en danger. Vice-consul demande bâtiment de guerre. » Ainsi un soulèvement général se préparait menaçant Mazaghan, Casablanca et Rabat du massacre et du pillage. Loin de se calmer, le mouvement des tribus s'étendait et se renforçait : déjà la ferme Soudan saccagée, le cimetière profané, le *mellah* en partie pillé prouvaient de quoi étaient capables ces hordes déchaînées si on les laissait continuer. Et qui pouvait les arrêter? Ni Mouley-Lamin, ni le caïd, ne possédaient l'autorité et les forces suffisantes. Comment empêcher des soldats non payés depuis longtemps de faire cause commune avec les tribus pour le sac de la ville? C'était un aveu d'impuissance que d'accepter qu'on allât garder le consulat; mais le seul moyen de retenir les tribus n'était-il pas de prendre ses précautions contre elles? Si l'assaut des Chaouias se produisait comme il était annoncé, comment aller protéger le consulat de France en pleine émeute, entrer de vive force dans une ville murée avec un petit nombre d'hommes? A supposer qu'on ne courût pas à un échec, c'était envoyer l'équipage à la tuerie. Au contraire, une accalmie survenait-elle, on en profiterait pour garantir le retour des réfugiés puisqu'ils ne pouvaient rester plus longtemps sur le *Demetian* sans danger d'épidémie.

En retournant la question sous toutes ses faces, on ne pouvait trouver une meilleure solution, écartant plus de dangers, facilitant mieux notre présente mission de protection, ainsi que les plans ultérieurs de la force navale attendue, et cela sans effusion de sang. Quelle objection opposer à un débarquement autorisé par Mouley-Lamin et destiné à conserver les allures d'une mesure de protection préventive et inoffensive? Les consuls étrangers déjà prévenus depuis le 1er août de la possibilité d'une descente à terre n'ont pas à s'y opposer. L'entente avec Mouley-Lamin enlève tout caractère agressif ou provocateur au détachement mis à terre et en fait au contraire un allié passager du Maghzen pour le maintien de l'ordre contre les tribus rebelles.

Le commandant Ollivier, après avoir pesé longuement cet ensemble de raisons, se décida à accepter le débarquement proposé par Mouley-Lamin, mais en s'entourant de précautions contre un changement de dispositions ou une manœuvre trompeuse. La télégraphie sans fil du bord était entrée en communication, depuis six heures du soir, avec le *Du Chayla*, croiseur éclaireur de l'escadre de l'amiral Philibert. On pouvait escompter l'appui prochain de cette force navale. Le commandant signale au consulat à neuf heures quarante-cinq : « Sommes en communication avec *Du Chayla* auquel je signale de se rendre à Rabat. Veuillez informer Mouley-Lamin, au moment que vous jugerez convenable, que nous débarquerons à cinq heures du matin, que la porte de la Mraine devra être ouverte, que l'escadre arrive avec forces imposantes, que, si la porte n'est pas ouverte à l'heure dite et si un coup de fusil est tiré sur mes hommes, je bombarde la ville arabe. Il est bien entendu que nous conservons Mouley-Lamin comme autorité indigène. »

Les ordres sont aussitôt donnés pour le lendemain et tous les détails arrêtés entre le commandant, l'officier en second M. Chaspoul et les chefs de service. L'enseigne de vaisseau de Saizieu dirigera les embarcations; le médecin de 1re classe Brunet assistera le détachement avec les secours d'urgence; M. Luret appuiera de son autorité et de son expérience les démarches ou les rapports avec les autorités locales; enfin M. Berti prêtera le concours de sa connaissance de l'arabe.

A minuit, tout est réglé définitivement et le *Galilée* n'a plus qu'à s'endormir tranquille. Mais il n'en est pas de même au consulat où l'on devine aux signaux envoyés qu'il règne un peu d'incertitude; à une heure et demie, M. Maigret demande : « Quelles sont forces arrivant? » Le *Galilée* répond aussitôt : « Communications peu nettes avec le *Du Chayla*; le saurai demain; pouvez l'affirmer à Mouley-Lamin. »

Le *Du Chayla* avait demandé à six heures au *Galilée* : « Où êtes-vous? » Après avoir indiqué sa position, le *Galilée* avait signalé à six heures trente : « Passez à Rabat et si situation est calme continuez sur Casablanca. » Mais peu de temps après, le *Du Chayla* avait été rappelé par le sémaphore du cap Spartel sur l'ordre de la légation de France à Tanger, de sorte que les communications, gênées en outre par un temps orageux, cessèrent d'être nettes pendant une partie de la nuit. Elles ne reprirent avec aisance qu'à cinq heures du matin. Par suite, on savait seulement d'une façon certaine que le *Du Chayla* précédait l'escadre; on connaissait aussi les noms de plusieurs bâtiments de cette escadre, mais il était impossible de fixer la date exacte de leur arrivée. Le *Galilée*, obligé de rester dans l'imprécision, ne peut loyalement ni laisser ignorer ce qu'il sait ni en dire davantage, bien qu'il sente combien on voudrait être fixé à terre pour répondre aux interrogations des consulats étrangers, lorsque M. Maigret les avertit, dans la nuit, du débarquement.

*
* *

Lundi, 5 août 1907. — Dès quatre heures du matin, les fusiliers s'équipent sur le pont du *Galilée*; les maîtres s'assurent que rien ne manque; les armuriers visitent les cartouchières; les manœuvriers arment les embarcations et munissent le canot de service de sa petite pièce de 37; les gradés font leurs recommandations, distribuent les munitions et les hommes échangent des plaisanteries. Un entrain joyeux les anime. Ils s'aident mutuellement; ils sont pressés de descendre à terre. Ils savent qu'il s'agit d'aller pacifiquement monter la garde au consulat, mais ils se disent que peut-être on ira aux portes de la ville si elle est attaquée par les tribus ou bien qu'on sera chargé de dégager la plage quand l'escadre arrivera; même sans cela on aura peut-être des aventures, et puis c'est un plaisir de parcourir enfin cette Casablanca dont on parle tant depuis quelques jours.

Avant cinq heures, la porte de la Marine est ouverte à deux battants. Pas de nouvelles communications du consulat, donc des difficultés n'ont pas surgi pendant la nuit. Cependant par précaution, avant le départ, le commandant Ollivier tient à s'assurer que les dispositions de Mouley-Lamin n'ont pas changé et il signale à cinq heures vingt : « Dites réponse de Mouley-Lamin. » Le consul répond aussitôt à cinq heures vingt-cinq : « Mouley-Lamin vient d'envoyer émissaire dire caïd prendre mesures pour que porte soit ouverte et qu'aucun coup de fusil ne soit tiré. Il a demandé que la ville ne soit pas bombardée si quelques voyous tiraient sur les troupes. Avons répondu négativement. » D'autre part, on est assuré de la présence prochaine du *Du Chayla*. A cinq heures, sa télégraphie sans fil signale au *Galilée* : « Faisons route sur Casablanca. » A cinq heures quinze, le *Galilée* lui demande : « Où êtes-vous? » A cinq heures vingt il répond : « Nous sommes à 85 milles dans le nord-est de Casablanca. »

Les hommes commencent à descendre dans les embarcations; mais le personnel réduit rend les manœuvres lentes et il s'agit de caser 66 hommes embarrassés par leurs sacs, leurs fusils et leurs vivres. Le commandant en profite pour renouveler ses instructions. Au Dr Brunet, il dit qu'il est bien entendu qu'il accompagne le détachement pour veiller à son installation hygiénique au consulat; qu'après avoir pris les dispositions en rapport avec les locaux, l'eau, le milieu, etc., il demandera aussitôt par signal à bras une baleinière à la Marine afin de rentrer à bord avec MM. Luret et Berti, qui ont besoin de voir le consul et le caïd à propos de la douane. Il compte sur eux avant le déjeuner pour avoir des renseignements. A l'enseigne Ballande, il prescrit de se mettre à la disposition du consul et d'examiner avec lui dans quelle mesure il pourra continuer à protéger les abords du consulat et à assurer les communications avec la mer. Cette dernière question était d'une importance capitale. Elle pouvait se résoudre en occupant un groupe de maisons situé derrière et à gauche du consulat de France entre sa cour et le mur d'enceinte donnant sur la plage de Sidi Bel Yout. Cet ensemble de bâtiments occupés par le consulat d'Autriche, le consulat de Portugal, M. Maigret et le Dr Merle, n'était séparé du rivage que par une muraille peu élevée; aussi toutes les fenêtres de la façade sur le large étaient-elles grillagées; mais, ce seul obstacle franchi, on avait accès sur la rue conduisant directement au consulat de France. C'était par cette voie, qu'à l'arrivée du *Galilée*, on avait songé à s'introduire en ville en cas d'intervention de vive force, car la porte de la Marine, plus éloignée, défendue par des bastions et entourée de remparts élevés, était considérée comme inattaquable. Le commandant autorise Ballande à visiter d'accord avec le gouverneur les remparts et les portes de Casablanca pour en renforcer la défense contre les tribus, ainsi qu'à détacher deux sections pour garder les consulats d'Angleterre et d'Espagne en cas de complication ou sur la demande des consuls. Bien que toute difficulté paraisse improbable, il recommande de se garder de toute attitude qui puisse froisser les Arabes et d'éviter toute apparence d'une prise de possession.

Ballande transmet du haut de la coupée les ordres du commandant : « Rappelez-vous que nous entrons pacifiquement à Casablanca; les armes seront approvisionnées et non chargées.

On ne les chargera qu'à mon commandement. Quels que soient vos sentiments à l'égard de la population après les assassinats commis il y a huit jours, nous ne venons pas pour les punir. Nous devons laisser ce soin aux forces qui arrivent et qui en ont reçu mission du gouvernement. Quant à vous, Arabes et étrangers vous regarderont à votre passage dans les rues; montrez-leur à tous par votre tenue et votre allure que, si vous êtes fiers d'être Français, vous n'êtes pas arrogants. Pas de réponse aux provocations, pas de réflexions ou de manifestations en cas de coups d'œil, de gestes, de menaces ou même de paroles insolentes de la part des indigènes. » Cette petite allocution fut d'un effet excellent. D'en bas, les figures des marins avaient écouté, tendues vers Ballande pour ne pas perdre un seul de ses mots.

Quand la vedette qui nous remorque commence de s'éloigner, la cloche du bord pique cinq heures et demie. Sur l'eau, pas une ride, à peine de larges ondulations de houle apaisée. Du côté de Casablanca, pas un bruit, pas un mouvement. La terre et la mer semblent encore engourdies dans les brumes du matin, teintées du même gris-perle que le ciel couvert. L'anse de la Marine avec ses rochers brisants, son rudiment d'appontement en bois et son rivage caillouteux se distingue très vite, car le *Galilée* n'est qu'à 1 400 mètres du bord. Pas de foule devant la douane, contrairement à nos prévisions. Une vingtaine de Marocains à peine nous regardent silencieusement. La vedette s'arrête à une certaine distance de la grève, car la marée est basse. Les canots continuent jusqu'au fond du port où on les échoue pour descendre. Les marins sautent sur les pierres en s'éclaboussant. Quelques Arabes apportent d'eux-mêmes des planches qu'ils disposent en plan incliné vers la terre. Placés de chaque côté, ils tendent la main pour soutenir ceux qui passent car les planches oscillent sous le poids des hommes armés.

A quelques pas, la muraille très haute est couronnée de canons. On s'attendait à voir le caïd ou quelque représentant de l'autorité marocaine venir au-devant de nous comme les autres jours; mais, seul, M. Zaghury, interprète du consulat, se présente pour indiquer la route. En quittant la grève, il faut tourner à gauche, monter une pente qui longe le mur d'enceinte, tourner à droite pour franchir la porte de la Marine, gravir une nouvelle pente en face des bâtiments de la douane et tourner à gauche dans un étroit couloir entre les remparts et les hautes maisons. De là au consulat, il y a encore 250 mètres environ et quatre tournants à angle droit dont deux débouchant sur de petites places.

Ballande avait passé l'année précédente quelques jours à Casablanca et avait étudié son plan; il n'eut qu'une fois à faire appel à M. Zaghury au moment d'arriver. Les hommes ne se pressent pas de débarquer. Ils extraient petit à petit des canots les vivres et les outils qu'ils doivent emporter en supplément. Ballande, M. Luret, M. Berti et le Docteur causent avec M. Zaghury et lui demandent s'il y a du nouveau. Il n'a rien appris d'inquiétant et la meilleure preuve en est qu'il est là seul et sans armes pour nous accompagner.

Cependant, lors de sa visite à Si Bou Bekr pour le prévenir de notre descente à terre, il a été étonné de trouver dans sa cour un rassemblement de jeunes gens à une heure insolite. Près de M. Zaghury, un soldat du caïd dit à un camarade : « Allons-nous les laisser s'installer sans faire parler la poudre? » Et les deux compères s'éloignent en hâte. Mais, sur l'instant, personne n'y attacha la moindre importance et il est certain que si un représentant de l'autorité marocaine, qui avait autorisé la descente des marins, avait été là, il n'y aurait eu prétexte à réflexion pour aucun Arabe.

Les canots une fois débarrassés, les marins mettent baïonnette au canon et s'alignent sur deux rangs, face aux remparts. Ballande commande : « A vos numéros », puis « A gauche par quatre », et la petite troupe s'ébranle l'arme au bras, devant une trentaine d'assistants silencieux qui se reculent et se dispersent précipitamment pour dégager le passage.

Ballande marche en tête, ayant à sa gauche le clairon Audran, derrière lui MM. Berti et Zaghury. Vient ensuite le 2e maître de mousqueterie Labaste, commandant la 1re section. Après la dernière file, marchent M. Luret qui n'a pas même emporté une canne, le Dr Brunet et le quartier-maître-infirmier Rozec, pourvus de revolvers parce que c'est la tenue réglementaire, mais de revolvers non chargés. A quoi bon pour une promenade pacifique!

On gravit la petite pente conduisant au terre-plein de la Marine, sur lequel s'ouvre à angle droit une porte grillagée sur la moitié de sa hauteur, de sorte qu'on peut apercevoir ce qui se passe derrière. Les hommes longent les hautes murailles ; ils regardent en l'air le chemin de ronde crénelé que dépassent quelques bouches de canon. Dans le silence complet des rangs, on entend crier : « Ouvrez ». Le mot est répété en arabe plusieurs fois et la colonne s'arrête contre le mur. Tout à coup, des décharges éclatent crépitantes au milieu desquelles on perçoit les commandements répétés de : « Chargez les armes, en avant, à la baïonnette ! » Au même instant, les balles commencent à siffler au-dessus des têtes venant des remparts. Dans le bruit des coups de feu, les marins ébahis saisissent leurs fusils qu'ils chargent, en cherchant des yeux ce qui se passe, mais comme on répète impérieusement : « Allons, mes garçons, en avant, à la baïonnette ! » ils se précipitent sans rien voir d'une seule poussée, à la suite des premières files, sous la voûte de la porte de la marine. Seule la tête de la colonne pouvait se rendre compte de l'attaque.

Ballande, arrivé sur le terre-plein du haut de la rampe à cinq ou six mètres de la porte grillagée de la marine, aperçoit qu'on ferme ses battants ouverts depuis le matin, et derrière des askris armés se rassemblent. Il crie : « Ouvrez. » MM. Berti et Zaghury répètent en arabe : « Ouvrez. » Les vantaux continuent à se rapprocher et par le grillage une salve répond qui ne blesse personne à cause du terrain en contre-bas. Ballande, sans s'arrêter, court à la porte et d'un violent coup d'épaule écarte l'un des panneaux au moment où on s'efforçait de pousser le verrou. La garde d'askris se replie et tire précipitamment, mais Ballande reste sur le seuil, se retourne et commande : « Chargez les armes, en avant à la baïonnette ! » Le second-maître répète ses ordres et les premiers rangs arrivent en face de la porte. Le poste envoie une nouvelle décharge, et cette fois, une balle traverse la main de Ballande qui brandissait son sabre. Le sabre tombe. Ballande le ramasse de la main gauche et crie en se relevant : « En avant, feu à volonté ! » Labaste s'élance derrière lui et enlève sa section en répétant : « Allons, mes garçons, hardi, en avant à la baïonnette ! » Il les entraîne sous la voûte de la porte qu'il franchit au pas de course. Mais, en débouchant sur la rampe de la douane, il s'arrête brusquement : une balle vient de lui traverser la poitrine, brisant la clavicule gauche et ressortant près de la colonne vertébrale ; il ne peut plus crier ; il a la bouche pleine de sang mais il garde sa place et reprend le pas de charge à la tête de ses hommes.

La première section a abattu presque tout le poste de la douane, dont les survivants se sauvent ou se cachent derrière les sacs d'orge empilés dans la rue. En haut de la rampe, un feu de salve dégage la voie et la colonne pénètre dans Casablanca, se ruant à la baïonnette et ne s'arrêtant après chaque bond de 50 mètres que pour de nouveaux feux de salve. Les Arabes accourus en armes et les soldats venus du bastion, lâchent précipitamment leurs coups de fusils et se dissimulent dans les encoignures. La charge balaie tout sur son passage. Les soldats restés sur les remparts tirent sur nos flancs. Des rues avoisinantes les balles sifflent, parties des fenêtres des maisons ou des ouvertures des magasins. Les postes placés par Mouley-Lamin chez M. Lamb et à la prison essayent de barrer le passage. Les feux de salve exécutés rapidement au débouché des rues ou des carrefours dispersent les opposants. Ceux qui ne tombent pas se sauvent pour revenir par un détour vers l'arrière de la colonne. Les marins sont entourés et les dernières files serrées de près. Le quartier-maître de mousqueterie Thiéry, qui marchait à l'arrière près du médecin, reçoit une balle dans la cuisse. Le matelot charpentier Le Guichet a le bras droit fracassé à côté du quartier maître infirmier Rozec dont la sacoche est traversée par une balle. Les blessés comprennent qu'on ne peut interrompre la marche pour eux. Thiéry s'appuie sur le docteur Brunet, Le Guichet sur l'infirmier Rozec et ils continuent à suivre péniblement en laissant une traînée rouge derrière eux. Les Marocains s'approchent davantage. Le gabier Maillard, qui se trouve avec les torpilleurs mineurs à l'avant-dernier rang, s'en aperçoit en se retournant ; il s'écrie : « Mais, Docteur, ils sont tout près ! » La colonne s'arrête pour dégager un carrefour par des feux de salve. On en profite pour faire face aux assaillants. Le torpilleur Le Gars met en joue les Arabes les plus rapprochés qui se défilent sur les seuils des portes. Maillard, qui ne peut tirer, car il porte un fusil destiné aux hommes du consulat et, par suite, n'a pas reçu de cartouches, assomme à coups de crosse autour de lui. Les autres torpilleurs Dufaix, Le Bris, Gazel, qui en route ont pu charger leur revolver, car au débarquement on ne leur avait pas donné de cartouches, font place nette ; l'arrière se dégage et réussit à éloigner l'adversaire suffisamment pour continuer à suivre le gros à l'allure réduite des blessés.

Ballande, en tête, continue d'avancer. Les hommes excités chassent par leur tir plus précis et plus nourri comme par leur élan furieux tout ce qui se trouve devant eux. Le long du chemin, près du consulat de Suède, les baïonnettes fouillent les gourbis et les paillotes en roseaux. Au dernier coude, Ballande demande à M. Zaghury en montrant avec son sabre les arbres du consulat : « Est-ce-là? — Oui, droit devant vous ». Ils débouchent alors devant le consulat où se trouve un poste de 35 soldats du Maghzen, grossi par les fanatiques de la mosquée voisine. M. Zaghury leur crie en arabe : « Allez-vous en, allez-vous-en ! » Une courte lutte s'engage ; les décharges s'entrecroisent ; des askris s'abattent, d'autres chancellent ; les survivants s'enfuient, laissant la place vide ; de la terrasse du consulat, des feux à volonté les poursuivent dans les rues. Mais la porte reste fermée. On crie : « Ouvrez, ouvrez ! » en cognant sur les vantaux. Les défenseurs, groupés sur la terrasse, autour de Cosme, sont tellement occupés à tirer qu'ils ne pensent plus que l'entrée est barricadée par le piano de M. Malpertuy. Enfin des voix françaises répondent ; on écarte l'ameublement consulaire et les marins pénètrent dans le jardin.

Ballande entre, le dernier ; les hommes s'effacent sur son passage de chaque côté de l'allée et, voyant son veston blanc rougi par sa main sanglante, crient : « Vive le lieutenant ! » Ils ont compris que, sans lui, ils ne seraient pas entrés dans Casablanca, ni arrivés au terme. Labaste n'en peut supporter davantage. Il se couche épuisé, suffoqué par le sang, tournant vers le docteur Brunet des yeux d'angoisse et ce regard de muette interrogation qui veut dire tant de choses chez ceux qui sentent la mort.

Thiéry tirant la jambe et Le Guichet soutenant son bras s'étendent aussi, livides, tant l'hémorragie est intense. Aidé par le quartier maître infirmier, le médecin les porte au rez-de-chaussée à droite, dans une salle à manger divisée par un arceau arabe et ornée de plateaux de cuivre, qui alternent avec des faïences de Fez aux reflets bleus et verts. Le docteur Merle offre son concours dévoué et l'appoint des ressources médicamenteuses de son dispensaire indigène.

Il fallait maintenant prendre les dispositions pour une action prolongée, et sans perdre une minute. La fusillade avait déchaîné les Arabes. Tous ceux qui possédaient une arme à feu accouraient dans les rues, les places, les maisons, la mosquée avoisinant le consulat, et tiraient sur les murs, dans le jardin, sur la terrasse, contre toute apparence de forme humaine où qu'elle se montrât. Du minaret de la mosquée du Pacha, les Marocains dominaient les cours du consulat et les criblaient de balles. On avait dû ordonner aux marins de rentrer dans la maison. La plupart avaient besoin de quelques minutes pour se reprendre. Une attaque, à ce moment où la défense s'organisait, dans un espace très resserré et encombré, aurait été fort dangereuse. Cosme, pour éviter la concentration des indigènes sur le consulat, avait fait hisser le signal convenu avec le *Galilée* : « Bombardez la ville arabe. » Le pavillon se balance sans que le *Galilée* se décide à bouger. C'est qu'à bord le commandant veut laisser au détachement le temps de parvenir au consulat et qu'en outre l'attention est détournée par la situation alarmante des embarcations qui avaient conduit à terre la compagnie de débarquement. Au moment où la colonne disparaissait sous la porte de la Marine, les canots restaient échoués sur la grève, avec un personnel réduit et l'enseigne de vaisseau de Saizieu. Les soldats du caïd, abrités derrière les créneaux des remparts dirigeaient un feu nourri sur les embarcations; les balles crépitaient dans l'eau; le chauffeur auxiliaire Raviri s'affaissait le bras droit traversé, puis le chauffeur de la vedette, Le Ru, tombait le coude gauche fracassé. De Saizieu n'a que quelques hommes indispensables pour les manœuvres. Pendant que ses gabiers entrent dans l'eau jusqu'au ventre pour remettre à flot les baleinières, il pointe et tire le petit canon de 37 du canot de service. Un de ses projectiles frappe dans la porte, les autres dégagent le rivage. Du haut du bastion, dominant le port, les Marocains essaient de tirer leurs vieilles pièces et les chargent de boulets de pierre ou de fonte. Ils font partir les coups sans parvenir à pointer. De Saizieu riposte efficacement et continue à tenir tête jusqu'à ce que ses embarcations puissent être prises à la remorque par la vedette. Il parvient ainsi à s'éloigner avec sa flottille intacte, ses deux blessés et le personnel qu'il a sauvés. Les balles le poursuivent jusqu'à bord où elles transpercent un projecteur.

On suivait du pont du *Galilée* les péripéties de ce retour. On avait cru à une promenade militaire et, maintenant, on pensait aux camarades dont beaucoup resteraient peut-être pour toujours à terre. Les embarcations reviennent. On hisse les blessés qui perdent leur sang abondamment. Les roulements des feux de salve ou le crépitement de la fusillade qu'on entend distinctement dans le calme du matin retentissent douloureusement. Le commandant Ollivier est prévenu qu'on aperçoit le signal du bombardement. Le cœur serré en se demandant ce qui se passe derrière les murailles et ce que devient sa petite troupe dans les ruelles d'une ville de 30 000 âmes, il ne veut prendre une décision qu'à la dernière extrémité. Mais le consulat insiste : « Détachement arrivé, bombardez la ville arabe. » Après quelques minutes de réflexion, le commandant, malgré sa répugnance, se sent contraint. C'est la seule ressource qui lui reste pour détourner l'effort des agresseurs vers leurs propres demeures et sauver ce qu'il doit protéger. Il donne l'ordre à l'officier canonnier, l'enseigne de vaisseau Bérenger, d'ouvrir le feu sur le bastion qui a bombardé nos embarcations, puis de viser les maisons arabes les plus gênantes pour les consulats et d'arrêter les bandes qui, de la campagne, cherchent à pénétrer en ville. Tous les officiers restés à bord comprennent qu'il y va peut-être du salut des marins jetés à terre. Spontanément, chacun se met au service de l'artillerie et remplace les canonniers de la compagnie de débarquement. Le mécanicien principal, M. Baroux, s'occupe des monte-charges et de l'approvisionnement en projectiles ; l'autre mécanicien principal M. Arnaud monte dans la hune apprécier le tir et écrire les signaux ; l'enseigne Leygue devient adjudant de tir ; le commissaire, M. Laurent, applique aux blessés des embarcations un pansement auquel un médecin espagnol appelé dans l'après-midi ne trouvera rien à reprendre.

De Saizieu s'occupe des soutes et l'officier en second, M. Chaspoul, des précautions de tir dans le navire.

Les premiers obus démolissent la batterie qui avait tiré sur les canots, puis tombent sur les rues et les places situées près des consulats et des portes de la ville. Les murs éventrés, le fracas des projectiles, l'effondrement des terrasses, la projection des éclats ne tardent pas à produire une impression utile : les alentours du consulat se vident. Le sifflement des balles, le bruit mat qu'elles rendent en s'aplatissant sur les murs et les volets, s'espacent davantage. Les marins, soulagés de se sentir soutenus par les canons du bord, s'amusent à reconnaître le son de chaque volée : « Tiens, c'est Baptistine ! cette fois, c'est le tour de Jeannie ! » Entassées pêle-mêle dans l'escalier, les couloirs et les chambres du premier étage, plongées dans l'obscurité à cause des volets clos, ne sachant ce qui se passe, entendant des coups de fusils de toutes parts ou de sourdes décharges, les familles réfugiées au consulat sont en proie à l'affolement. Certaines femmes gisent inertes, n'ayant même plus la force de laisser passer. D'autres excitées questionnent ou se plaignent au passage d'un gradé : « Croyez-vous vraiment que nous puissions tenir? J'aime mieux savoir. — Mais oui ; vous n'avez rien à craindre, restez tranquille, laissez-nous faire. — Ah mon Dieu ! et les Arabes, où sont-ils? et dire qu'hier sur le *Demetian*, vous nous recommandiez de rentrer : c'était bien la peine de nous affirmer qu'il n'y avait plus de danger pour nous mettre dans une situation pareille ! »

Active, résolue et souriante, une femme à cheveux blancs offre son dévouement et ses services à tous. Les premiers entrés au consulat l'avaient rencontrée dans le vestibule, le revolver à la main, puis, la maison occupée par les marins, elle avait dit au Dr Brunet : « De quoi avez-vous besoin pour vos blessés? de l'eau chaude, du thé, du café? » C'était madame Maigret, mère du vice-consul. Son plus jeune fils, âgé d'une quinzaine d'années, montrait le même courage.

L'escalier conduisant à la terrasse était garni de matelots en réserve. Les autres, couchés sur la terrasse, abrités derrière la balustrade, dirigeaient un tir lent, mais précis, sur tous les endroits d'où ils voyaient s'échapper la petite fumée d'un adversaire. Cosme, au centre, leur recommandait de ménager leurs munitions et de ne tirer qu'à bon escient. De temps en temps, le bruissement des obus du *Galilée* passant au-dessus des têtes pour aller tomber vers la porte de Marrakech provoquait des plaisanteries gouailleuses : « Plafond, montez au ciel! Qui aime bien, châtie bien! »

Au rez-de-chaussée, le Dr Brunet organisait une ambulance et y installait les blessés. La salle à manger, à droite, était devenue salle de pansements; le bureau du consul, à gauche, salle de repos. Étendus sur des matelas, des fauteuils ou des chaises capitonnées d'oreillers, Labaste, Thiéry et Le Guichet reposaient doucement sous l'influence de la morphine et de l'ergotine. Ballande avait été pansé en dernier lieu et portait sa main en écharpe sans s'arrêter d'aller et venir. Dans le jardin, une section seulement de marins abrités près de la chancellerie gardait l'entrée encore barricadée par le piano.

Tout à coup, vers sept heures un quart, on signale de la terrasse un indigène porteur d'une lettre et qui agite frénétiquement une sorte de drapeau blanc. On entrebaille la porte et le parlementaire présente un mot du consul d'Angleterre disant que Mouley-Lamin demande un armistice. M. Maigret répond que Mouley-Lamin et le caïd Si Bou Bekr doivent venir en personne discuter au consulat. Un quart d'heure après, on les introduit tous les deux dans la chancellerie, petite pièce nue, meublée d'une grande table et de quelques sièges. Mouley-Lamin s'affale dans un fauteuil, la face décomposée. C'est un homme d'une soixantaine d'années, empâté, la figure pain d'épices, la barbe rare, l'air fatigué et malade. Il est en proie à un effroi qu'il dissimule mal. La sueur perle sur son front, et ses joues prennent des reflets verdâtres. Le caïd Si Bou Bekr, debout, à sa gauche, cherche une contenance et paraît surtout craindre pour lui-même. Les pommettes légèrement fardées sont colorées en rose, mais l'angoisse se manifeste par un affaissement progressif de la poitrine qu'il redresse de temps en temps avec effort. Ses regards fuient les nôtres et se tournent parfois vers la porte comme s'il s'attendait à quelque surprise. Mouley-Lamin demande qu'on cesse le bombardement sur la ville, mais qu'on le continue sur la campagne pour empêcher les tribus d'entrer et de piller. C'est accepté moyennant huit conditions :

1° Une lettre d'excuses au nom du Maghzen, flétrissant l'agression du matin commise par les soldats du caïd;

2° Le désarmement des soldats dont on n'était pas sûr, avec livraison des armes de guerre et des munitions;

3° Fermeture des portes de la ville donnant sur la campagne;

4° Arrêt du feu sur le consulat;

5° Arrestation des individus qui ont tiré sur la colonne et le consulat; remise des coupables enchaînés; enquête sur les ordres donnés et les chefs responsables;

6° Rétablissement de la sécurité pour les Européens;

7° Police énergique et élimination des gens dangereux ou suspects;

8° Garde à vue du caïd qui devait rester à notre disposition sur réquisition et dont Mouley-Lamin répondait sur sa tête.

Le feu devait cesser immédiatement. On accordait jusqu'à quatre heures de l'après-midi pour remplir les autres conditions. Mouley-Lamin promit tout. Il déclara qu'on aurait de suite la lettre où il reconnaissait officiellement, comme il le faisait ici verbalement, que nous avions été attaqués par les soldats du caïd malgré ses ordres, malheur qu'il déplorait profondément et pour lequel il était prêt à nous fournir toutes les satisfactions. Comme ses regards revenaient souvent sur le veston de Ballande largement éclaboussé de sang, il termine en lui présentant ses regrets pour sa blessure. On convint qu'on allait transmettre immédiatement les conditions de l'armistice au commandant Ollivier pour approbation. Puis le vieillard, n'en pouvant plus, s'abandonna aux bras de ses domestiques qui le hissèrent sur sa mule, et le maigre cortège de sa suite le ramena en courant au Dar-el-Maghzen. Il était neuf heures. Malheureusement, les meilleures intentions des autorités marocaines étaient impuissantes. C'est par centaines que les campagnards se précipitent en ville de tous côtés. Pendant que quelques-uns brûlent leurs cartouches aux environs du consulat pour nous retenir, les autres envahissent les boutiques et les maisons, rançonnent, dévalisent et violent, puis emportent méthodiquement objets et gens attachés à des bourricots.

Le *mellah* subit en premier lieu toutes les horreurs du sac.

A sept heures vingt on avait signalé du consulat au *Galilée* : « Cessez le feu » ; mais, devant l'envahissement en masse des hordes, il fallut le reprendre à dix heures vingt sous peine de compromettre la défense.

Le commandant Ollivier, après l'attaque du matin, avait signalé au *Du Chayla* : « Venez à Casablanca immédiatement, forcez de vitesse, tenez votre corps de débarquement prêt à mettre à terre. » On ne pouvait songer à reprendre le chemin de la Marine, car la porte avait été refermée sur la colonne du *Galilée* et le passage à travers les petites rues coudées, le long de maisons pleines d'Arabes, n'était pas praticable. Il fallait revenir au projet de descente par la crique de Sidi Bel Yout, et à l'escalade du mur d'enceinte, au niveau du pâté de maisons du consulat de Portugal. Les fenêtres à volets verts, faciles à surveiller du large, donnaient immédiatement sur le rivage et dominaient le rempart. Il suffisait d'enlever les grilles et d'attacher des échelles de corde. Cosme, avec une section et les torpilleurs mineurs, se chargea de cette voie d'accès. Le Dr Brunet l'accompagna. Après avoir dégagé la rue et la place attenant au consulat par des feux de salve, on arrive au consulat de Portugal. Pendant que Cosme poste ses hommes sur les terrasses les torpilleurs mineurs déblaient les pièces et attaquent les grilles sous l'œil du Docteur. Elles sont si solides que le travail avance lentement; on occupe ensuite le mur où on fixe des échelles de cordes descendant sur la plage ; mais il n'y a encore que quatre fenêtres préparées, quand le *Du Chayla* mouille sur rade à onze heures vingt-cinq.

Parti brusquement de Toulon le 1er août, ce croiseur s'était d'abord rendu à Oran où il trouva l'ordre de gagner le détroit de Gibraltar pour relier par télégraphie sans fil à Tanger le *Galilée* dont on n'avait pas de nouvelles. Après avoir communiqué le 4 à six heures du soir avec le *Galilée*, il dut rallier Tanger sur la demande de la légation de France. Le comte de Saint-Aulaire le chargea alors de transporter le chef de bataillon Mangin, commandant de la police franco-marocaine, à bord du *Galilée*, puis de se rendre devant Mazaghan à cause des nouvelles alarmantes. A minuit, le *Du Chayla* repartait. A cinq heures du matin, il reprenait les communications avec le

Galilée à qui il annonçait sa mission, puis, sur le pressant appel du commandant Ollivier, il accourait à toute vitesse.

A son arrivée, son corps de débarquement dont le commandement était confié au lieutenant de vaisseau Bergasse du Petit-Thouars, était prêt à mettre à terre, le champ de tir de ses pièces dégagé, ses embarcations disposées pour la mise à l'eau; l'équipage, au poste de combat, attendait le moment d'ouvrir le feu. Sur l'ordre du commandant Ollivier, que son ancienneté rendait chef de rade, le commandant Benoit embossa son navire vers l'ouest de façon à battre la campagne aux approches de la ville. Le consulat avait en effet signalé à onze heures quarante-cinq : « Zone de concentration des cavaliers paraît être les jardins verts situés au sud. *Du Chayla* veut-il se placer pour bombarder cet endroit? Dispositions seront prises en temps utile pour assurer débarquement. A quelle heure aura-t-il lieu? Envoyez le plus grand nombre possible de cartouches et canons-revolvers, chattes, grappins et échelles pour faciliter escalade. M. Cosme va avec détachement recevoir débarquement au mur portugais. Urgent tirer sur Sidi-Marouf et les gens embusqués derrière le bois qui tirent sur nous. »

A douze heures vingt-huit, le *Du Chayla* envoie ses premiers coups de canon qui battent les alentours de la plage de Sidi Bel Yout. A douze heures quarante-cinq le *Galilée* signale : « Compagnie de débarquement du *Du Chayla* descend à terre. » Les indications sur le meilleur accostage ayant été données par M. de Saizieu à M. du Petit-Thouars, celui-ci réunit les deux enseignes de vaisseau placés sous ses ordres, MM. de Gailhard-Bancel et de Bernard de Teyssier, et arrête les mesures suivantes : le canot à vapeur remorquera la chaloupe et le canot jusqu'à 5 ou 600 mètres du rivage; sur signal, les embarcations en bois borderont leurs avirons et se mettront en ligne de front de chaque côté du canot à vapeur, puis ouvriront le feu des 37 millimètres, en même temps que lui, sur les abris divers, jardins, haies, etc... recélant l'ennemi; une fois la plage déblayée, le canot de moindre tirant d'eau forcera de rames et M. Gailhard Bancel prendra terre le plus tôt possible avec une demi-section, pour protéger le débarquement des grosses embarcations.

En route, les canots stoppent un instant pour permettre au chef de bataillon Mangin arrivant en vedette du *Galilée*, où il vient d'être désigné par le commandant Ollivier comme commandant supérieur des forces débarquées, de prendre passage dans le canot à vapeur. Au moment où les remorques vont être larguées, les embarcations essuient les premiers coups de fusils qui partent des jardins de Sidi Bel Yout et du chantier de la Marine. M. du Petit-Thouars prescrit l'exécution du plan concerté et les 37 ripostent aux balles marocaines qui font jaillir l'eau autour des bordages. La section du *Galilée*, commandée par M. Cosme, appuie de la terrasse du consulat de Portugal l'action du *Du Chayla*. Les petits canons à l'avant des canots labourent le rivage ; les haies de cactus sont fouillées, les murs des enclos traversés; les Arabes cachés derrière ces abris commencent à déguerpir.

M. de Gailhard-Bancel et sa demi-section se jettent à l'eau dès que la quille de leur embarcation touche le fond. Au pas de course, ils occupent une dune commandant la crique d'où ils dirigent des feux de salve sur les jardins voisins, tandis que le débarquement complet s'opère. Sous les ordres de M. du Petit-Thouars et de M. de Teyssier, la compagnie du *Du Chayla* saute vivement à terre, envoie quelques salves dans la campagne et gagne au pas de course le mur du consulat de Portugal qu'elle escalade. L'opération lestement enlevée s'effectue sans perte. La défense du consulat se trouve ainsi renforcée de 110 hommes, portant à 180 environ le nombre des marins français. Derrière le *Du Chayla*, arrivent un enseigne de vaisseau et douze matelots espagnols de la canonnière *Alvaro de Bazan*, venue des Canaries et qui avait mouillé près du *Galilée* vers 10 heures du matin. Le commandant de ce petit bâtiment s'était rendu dès son arrivée près du commandant français auquel il ne cessa de prêter le plus loyal concours. L'embarcation espagnole, pilotée par la vedette du *Galilée*, accoste près du canot du *Du Chayla* et son détachement, franchissant le rempart avec une échelle, arrive vers une heure et demie dans le jardin du consulat de France.

En nommant le chef de bataillon breveté Mangin commandant supérieur des marins débarqués, le commandent Ollivier lui avait adjoint l'enseigne de vaisseau Ballande qui, en raison de sa blessure, ne pouvait plus conserver effectivement le commandement de sa compagnie. L'enseigne Cosme lui succéda. En réalité le lieutenant de vaisseau Du Petit Thouars devint l'adjudant-major du chef de bataillon Mangin tout en restant à la tête de sa compagnie. En cumulant ces fonctions, M. du Petit-Thouars, dont le détachement était le plus important et comportait de l'artillerie et à qui son grade donnait autorité naturelle sur ses camarades, devenait le bras droit du commandant Mangin avec lequel il vécut jour et nuit.

Malgré cette aide, la tâche du commandant Mangin était étendue. Il devait prendre d'accord avec le consul toutes les mesures intéressant la ville et les colonies étrangères; il avait la direction de toutes les opérations militaires, comme des relations avec le chef de détachement espagnol et les autorités indigènes qu'il fallait utiliser au mieux des besoins de la défense. Les charges augmentaient à chaque instant par suite du nombre croissant des réfugiés. Heureusement, M. Mangin joignait les qualités militaires aux talents d'arabisant. Il sut y ajouter l'ascendant d'une sympathie personnelle qui s'attachait tous ses subordonnés. La compagnie du *Du Chayla* est immédiatement mise à la besogne. Le lieutenant de vaisseau Du Petit-Thouars se rend compte aussitôt de l'importance qu'il y a à tenir fortement la crique d'où dépendent les communications avec la mer. On manquait d'artillerie; il demanda au capitaine de frégate Benoit d'envoyer deux canons de 65 millimètres. Il fait retirer un des canons de 37 millimètres des canots, qui, placé aussitôt sur un affût improvisé, est mis en batterie sur la terrasse du consulat de Portugal pour balayer la campagne et le rivage. Pendant ce temps, les gabiers des embarcations du *Du Chayla* exécutent sous ses ordres des travaux destinés à rendre débarquements et déchargements le moins dangereux possible. Malgré la houle, les roches acérées du fond et les coups de fusil, les navires peuvent bientôt déposer les munitions d'artillerie et les objets nécessaires. Les marins des canots les transportent à bras jusqu'au mur d'enceinte du consulat de Portugal où leurs camarades de la défense les hissent; deux canons de 65 millimètres arrivent avant le soir au consulat.

Le commandant Mangin disposait de 200 marins, dont

180 Français; il ne pouvait pas tenir les portes de la ville ni même un quartier. C'eût été la guerre de rues avec ses surprises. La seule solution pratique et suffisante consistait à occuper et à défendre trois îlots de refuge en assurant les communications entre eux et avec la mer. Le premier groupe était composé des consulats contigus de France, de Suède, d'Autriche-Hongrie, des États-Unis et de Portugal, avec les maisons environnantes, qui donnaient accès à la plage de Sidi Bel Yout et permettaient les rapports avec la rade. Le second comprenait le consulat d'Espagne et quelques hôtels avoisinants où beaucoup d'Espagnols s'étaient réfugiés. Le troisième était formé par les consulats d'Angleterre et de Grèce avec les maisons voisines qui avaient reçu quelques familles et protégés britanniques. En maintenant la liaison entre eux, on couvrait la partie de la ville renfermant la plupart des maisons occupées par les Européens.

Ce plan arrêté, le chef de bataillon Mangin envoie vers deux heures les matelots espagnols du *Basan* garder leur consulat. L'enseigne Cosme les y conduit à la tête d'une section de 20 fusiliers du *Galilée* et avec M. Neuville comme guide. La colonne essuya un feu assez vif dans les parages des banques qui subissaient un assaut furieux des Arabes. Elle arrive sans pertes. Au retour, la même section de Cosme se rend auprès du consul d'Angleterre, M. Madden, pour lui offrir de protéger son consulat. Celui-ci se trouvait dans des conditions de défense très défavorables par suite de l'enchevêtrement dans des constructions où les assaillants cheminaient à couvert jusqu'à des terrasses dominant la position. Le danger augmentait d'heure en heure. M. Madden accepte l'enseigne de Tessier et les marins du *Du Chayla* qui deviennent le noyau d'un poste permanent. Des timoniers, installés sur les terrasses des consulats d'Espagne et d'Angleterre, les mettent en relation, par signaux à bras et par fanal la nuit, avec le consulat de France, seul chargé de la correspondance avec les navires sur rade. Au retour, Cosme trouve une bande de Chaouias qui avaient dressé leurs tentes en pleine rue pour mieux occuper le quartier et réunir les objets volés : il les disperse à la baïonnette. L'îlot Portugal-Autriche-France-Suède étant le centre de la défense et la sauvegarde des relations avec la mer, avait besoin d'être fortement occupé. L'enseigne de Gailhard-Bancel avec 27 marins du *Du Chayla* et un canon de 37 fut chargé de protéger l'aile gauche en tenant le consulat de Portugal et les bâtiments annexes. De là il avait à assurer la sécurité de l'anse de Sidi-Bel-Yout, de l'extrémité est de l'enceinte de la ville et du rivage où accostaient les embarcations.

Le consulat d'Autriche, placé entre celui de Portugal et celui de France, avait une importance de liaison et ne pouvait être attaqué que sur une face. Le consul d'Allemagne et les nationaux germaniques s'y étaient réfugiés. On y mit une garde de 7 marins du *Du Chayla*. Quant à la maison de France, il fut décidé en principe que le *Du Chayla*, moins ses sections détachées d'une façon permanente, assurerait avec le *Galilée* la garde un jour sur deux. L'autre détachement se tiendrait en réserve pour le service des sorties, des communications et des diverses corvées. C'est le *Du Chayla* qui prend la garde pour la nuit du 5 au 6, jusqu'à midi le lendemain.

Sans l'artillerie des navires et celle qu'on venait d'installer à terre, la tâche eût été disproportionnée. Pour l'alléger, il fallait prévenir les attaques et les desseins de l'adversaire, par conséquent avoir des renseignements. Le commandant Mangin se les procura par le khalifa de Mouley-Lamin, Si Allal-ben-Abbou, fonctionnaire intelligent et sympathique qu'il avait connu dernièrement en service à Tanger. Si Allal accourut au consulat et, heureux de montrer le souvenir qu'il avait gardé de la bienveillance et de l'affabilité du commandant, lui communiqua les renseignements qu'il possédait sur les tribus et leurs intentions ; il exposa la détresse impuissante de Mouley-Lamin, ses craintes d'être pillé et malmené comme tous les notables riches, musulmans ou non, son désir d'être protégé par nos troupes, de rendre les services compatibles avec sa situation, enfin de n'être pas abandonné aux Chaouias et de se réfugier sur le *Galilée* ; Si Allal exprima l'espoir personnel de rester auprès du commandant. L'offre fut acceptée. Elle manifestait aux Européens et aux Arabes que l'autorité du Maghzen justifiait notre intervention et agissait de concert avec nous contre les éléments de trouble. Si Allal fut chargé de rassurer Mouley-Lamin, de lui affirmer que nous ne manquerions pas de le défendre comme tous ceux qui recourraient à notre protection, mais que, représentant à nos yeux du pouvoir du Sultan, on ne lui donnerait l'hospitalité à bord du *Galilée* qu'en cas d'évacuation de la ville et si nous devions la quitter nous-mêmes à la dernière extrémité. Il fut convenu qu'on veillerait sur sa sécurité surtout la nuit.

Une attaque générale se préparait. Les tribus comptaient profiter de l'obscurité et de la fatigue d'une journée de combat pour rejeter à tout prix les Européens à la mer. Elles croyaient qu'à la faveur des ruelles sombres elles arriveraient sur les consulats sans être vues et que les canons des « frégates », en tout cas, ne pourraient ni les distinguer ni les atteindre. On prend avant le crépuscule les dispositions pour les repousser. On transporte les munitions et on met en batterie les deux canons de 65 millimètres dans la cour du consulat. Il est décidé qu'à sept heures du soir, toutes les communications entre les îlots de défense seront rompues et que, pour éviter toute méprise, il n'y aura pas de patrouilles ordinaires. Le mot « France » sera le mot d'ordre et de ralliement; il servira de signal de reconnaissance en cas de sortie. En se rendant à son poste, le fusilier auxiliaire Jourdy du *Du Chayla* tombe avec un pan de mur de la terrasse du consulat de Portugal et se brise les deux jambes. On l'amène, les os sortant de la peau au-dessus des chevilles. Depuis le matin, malgré l'intensité de la fusillade, il n'y avait pas eu de nouvelles blessures chez les marins. Des volontaires, un seul avait été atteint : M. Mercié, ancien zouave, artiste lyrique, avait reçu une balle qui lui brisa son mousqueton sur la figure. Pansé aussitôt, il tint à reprendre son poste. L'état de Jourdy, très grave, nécessitait une intervention à bref délai. Le docteur Brunet décide qu'elle aura lieu dans la nuit, ainsi que l'amputation du bras du matelot Le Guichet du *Galilée*. Le membre, réduit en bouillie par un coup de feu tiré de très près, ne pouvait plus être conservé sans danger. Le docteur demande au commandant Ollivier d'envoyer son camarade, le médecin major du *Du Chayla* qui apportera le matériel nécessaire. A ce moment, le *Forbin*, croiseur de 3e classe, arrivait sur rade, rappelé des Açores où il était en mission. Prévenu par le *Du Chayla* à neuf heures du matin, grâce à la télégraphie sans fil, il s'était empressé de marcher au canon. Il mouille à 400 mètres du *Galilée* à cinq heures quarante-cinq. A cause de l'heure avancée et des graves nouvelles reçues de Mazaghan où les Européens sont en péril, le commandant Ollivier surseoit à mettre à terre sa compagnie de débarquement et donne l'ordre au navire d'aller passer la nuit dans le nord-ouest de la ville. De cette façon, les feux de son artillerie se croiseront avec ceux du *Du Chayla* et entoureront Casablanca d'une ceinture protectrice. La précision du tir sera assurée par l'éclairage des projecteurs.

A terre, les marins sont, dès sept heures, à leur poste de veille. Les consignes sont données en cas d'alerte. Les distances et les points saillants des environs sont repérés pour le tir. Chacun est sur le qui-vive, prêt à recevoir l'ennemi dont on entend la rumeur confuse vers la porte de Marrakech pendant les accalmies de la fusillade. A l'heure dite, les rayons de lumière des projecteurs s'allongent sur la campagne ; brusquement surgissent de l'obscurité les bandes de Chaouias se dirigeant sur la ville.

Le canon tonne et des trois navires partent des étincelles qui éclatent dans les masses arabes. Quelle diversité de spectacles et d'émotions offre alors une ronde au consulat pendant la première partie de cette belle nuit d'août ! Dans le jardin, on distingue à peine les lauriers en fleurs, sous lesquels sont couchés les marins en réserve. L'armement des pièces de 65 millimètres dort près d'elles, enroulé dans ses couvertures brunes. Malgré les coups de fusil qu'on échange derrière le mur de la rue et le bruit des projectiles qui sillonnent l'air, les canonniers ronflent. Au rez-de-chaussée, à gauche en entrant, dans le bureau du consul, vaste pièce à peine éclairée par une veilleuse, Labaste repose, très pâle, dans un lit improvisé ; il est entouré d'oreillers sur lesquels se détachent les bandes du pansement rougies de sang séché. Grâce à la morphine et à l'ergotine, son sommeil est profond et sa respiration régulière. Ballande, dans l'autre coin, la main en écharpe, est étendu tout habillé sur une chaise-longue. Thiéry, à cause de sa blessure de la cuisse, est couché sur le ventre, comme les cadavres qu'a abattus le passage de la colonne le matin. A droite, dans la salle à manger aux volets clos et aux fenêtres ouvertes, il y a illumination violente. Trois grosses lampes éclairent d'une clarté chaude un superbe corps d'homme à moitié nu, allongé sur la table de chêne qui réunissait autrefois les convives du consul : des infirmiers, manches relevées, bras nus, mains empourprées de permanganate de potasse, circulent derrière les docteurs Avérous, Brunet et Merle attablés autour des jambes qui ruissellent de sang. Le docteur Betti, un médecin italien, donne le chloroforme pendant que les opérateurs enfoncent dans la chair les instruments et les tampons. Décrochés du mur et disposés sur les chaises, les plats de Fez, les vieilles assiettes de faïence, flambés à l'alcool pour les désinfecter, sont remplis de gazes, de compresses et de solutions.

Après que Jourdy eût subi la résection des deux jambes, les brancardiers portent sur la table le matelot Le Guichet du *Galilée*, dont le bras droit fracassé est devenu une loque déchiquetée jusqu'à l'épaule. Le brave garçon, charpentier de son état, doit renoncer à l'établi et accepte courageusement l'amputation en disant au docteur Brunet qui l'encourage : « J'ai confiance en vous, faites ce que vous jugerez bon » ; la scie grinçant sur l'os détache un membre déjà blanc et refroidi.

Sur les marches de l'escalier, les factionnaires veillent. Au premier étage, dans une petite pièce nue, M. Maigret écrit en hâte ses rapports consulaires, entouré de M. Neuville et de M. Zaghury. A côté, dans le couloir et les chambres de M. Malpertuy, les réfugiés sont étendus pêle-mêle ; de temps à autre, quelques femmes se redressent, réveillées en sursaut par le canon ou les cauchemars. Sur la terrasse, les marins, comme à l'affût, s'entretiennent à voix basse du spectacle qu'ils dominent. Des navires, partent les jets lumineux qui rasent la mer, la ville et la campagne. Dans le rayon blanc des projecteurs, surgissent brusquement, sur le fond noir, des portes massives, des pans de remparts crénelés, des haies de cactus, des touffes d'arbustes surmontés d'un palmier, des troupes d'Arabes aux burnous de cendre. A peine un groupe de Marocains a-t-il été découvert et fixé dans la lumière aveuglante, qu'un grondement sourd annonce un obus : une tache de feu s'abat, les burnous se sauvent dans la zone sombre.

Vers onze heures, la scène prend une grandeur tragique. Les pillards ont mis le feu au quartier juif. Le *mellah*, qui flambe, envoie vers le ciel de longues volutes rougeoyantes ;

comme il est situé à l'extrémité de la ville, celle-ci profile bientôt ses maisons d'un blanc de chaux sur un fond d'incendie. Le vent heureusement ne porte pas du côté du consulat; la fumée est rejetée vers l'enceinte extérieure; l'ample brasier s'étend en profondeur et illumine le ciel, crépite, lance des étincelles, s'étire en flammèches ardentes ou s'écrase en couronne de feu au gré de la brise qui rafraîchit et purifie Casablanca.

On perçoit tout à coup vers minuit le bruit sourd d'une sorte de marée montante, venant du port et de la plage. La fusillade, espacée jusque-là, devient violente et rapprochée; le consulat de Suède est entouré par le sifflement des balles. Longeant les remparts, les Marocains se sont avancés pour enlever le consulat de Suède, maison riche et position excellente à l'angle du consulat de France qu'elle domine en partie. Le danger devient pressant. Du haut du mirador du consulat de France, M. du Petit-Thouars fait sonner l'alerte pour mettre tout le monde en garde contre une attaque générale. Il demande au commandant Mangin de l'envoyer au consulat de Suède, dont le poste, fourni par le *Du Chayla*, a un mort et trois blessés et demande du secours. En raison de la gravité de l'attaque et de l'ignorance des forces qui ont fait irruption, le chef de bataillon préfère attendre une accalmie. Grâce aux projecteurs qui croisent leurs faisceaux, l'ennemi est en effet bientôt découvert, fusillé et canonné. Il se réfugie derrière des obstacles ou des murs pour tirailler en attendant de pouvoir déguerpir sans apparaître dans la lumière des navires.

Quand cette chaude affaire est passée, Cosme et une section du *Galilée*, qui, bien que de réserve cette nuit-là, n'avaient pas voulu quitter la terrasse, vont renforcer la garde du consulat de Suède et ramener les victimes, toutes du *Du Chayla*. D'abord le quartier-maître canonnier Bourdoulous, tué net par une balle entrée au niveau de l'oreille et sortie par l'orbite opposé. Quand son corps arrive à l'ambulance vers une heure et demie, les opérations et les pansements, qui se terminent dans le bruit des balles s'amortissant sur les volets, ne permettent pas de s'en occuper aussitôt. Le docteur Brunet le fait déposer dans une petite pièce accolée à la salle à manger et servant d'office.

M. Luret et M. Berti, qui y sont couchés, sont réveillés brusquement et rappelés à la réalité par la nécessité de céder leur place à un cadavre. On rapporte ensuite le canonnier auxiliaire, Guillou, le ventre transpercé d'un flanc à l'autre. Sur l'instant, le pauvre garçon déclare ne pas souffrir. Réconforté et pansé provisoirement, il s'endort sans une plainte. Les deux autres blessés étaient peu gravement atteints : le second-maître canonnier Sévellec avait le pied traversé par une balle; le gabier breveté Dubois avait reçu une balle, entrée au-dessous de l'omoplate et sortie au sommet de l'épaule. Soigné sur-le-champ, Dubois rentra dans la matinée à bord du *Du Chayla*, mais Sévellec demanda à rester à l'ambulance; son transport eût d'ailleurs été extrêmement difficile et dangereux.

*
* *

Mardi, 6 août 1907. — Toute la nuit, le tir des croiseurs continua à disperser dans la campagne les rassemblements qui tentaient de se reformer près des portes. En ville, dès qu'on apercevait, des terrasses, les bandes se glisser le long des maisons entourant les consulats, des feux de salve éclataient. L'ennemi lâchait pied sur l'instant, se cachait et revenait sans cesse. Le *mellah* brûla jusqu'au matin avec des reprises suivant le caprice du vent. Le corps de Bourdoulous, roulé dans un linceul, recouvert du pavillon tricolore, entouré de hautes tiges de lauriers blancs en fleur et de géraniums rouges reposait dans l'attente des obsèques fixées à l'après-midi, car on annonçait de source indigène un gros effort des tribus dans la matinée. En prévision de cette attaque, le commandant Mangin envoya dès cinq heures du matin une section du *Galilée*, commandée par Cosme, ramener au consulat de France une famille anglaise habitant la maison Lamb et qui avait préféré y rester à cause d'un malade atteint de fièvre typhoïde; on y avait placé un poste de 4 hommes; mais il était trop faible pour rester isolé et il n'eût pas été prudent de disperser des forces insuffisantes. Il était temps d'ailleurs, car Cosme et ses hommes furent accueillis sur le seuil de la maison par un feu nourri partant des magasins de la douane au bout de la rue. Le second maître de manœuvre Choquer, du *Galilée*, est atteint par un ricochet de balle en pleine poitrine sous le sein droit; Cosme est blessé à l'orteil. La section réplique avec vigueur par des feux de salve pour dégager le chemin, mais il est difficile d'agir efficacement sur des ennemis invisibles et abrités; aussi Cosme fait-il dire aux personnes qu'il doit protéger, qu'il leur accorde cinq minutes pour quitter leur demeure. Le délai semble court, surtout aux femmes; mais elles convinrent par la suite, gaiement, que c'était généreux à Cosme de les attendre, blessé, sous les balles, et elles auraient consenti à partir immédiatement plutôt que de repasser par les transes que leur avait values la dernière nuit. Quand elles arrivèrent saines et sauves, une d'elles offrit immédiatement ses talents d'infirmière diplômée. C'était miss Spinney, sœur du vice-Consul d'Angleterre à Mazaghan, qui soignait le typhique de la maison Lamb. Ce dernier fut évacué sur le consulat de Portugal, mais miss Spinney fut reçue avec empressement à l'ambulance française où son dévouement intelligent, son habileté technique, ses façons simples et actives lui méritèrent bientôt la reconnaissance de tous.

A peine pansés, Cosme et Choquer repartent avec leur section prendre livraison des armes et des munitions, renfermées au Dar-el-Maghzen ou maison du caïd. Mouley-Lamin, en avertissant le commandant Mangin de l'attaque imminente des tribus, n'avait pas caché ses alarmes personnelles. Il était menacé de pillage par les Chaouias au même titre que tous les citadins riches, et il préférait que les cartouches et les fusils renfermés au Dar-el-Maghzen ne tombassent pas aux mains de l'ennemi commun. On rapporta en trois voyages une trentaine de fusils et 14 000 cartouches. Cette sortie fut une des plus périlleuses, car la maison du caïd était dominée par le minaret d'une mosquée, remplie de fanatiques, dont le tir prenait de de plus en plus de précision. Toutes les terrasses des consulats, occupées militairement, répondaient à la mosquée. Le tir des Espagnols en particulier faisait rage sur le minaret, de sorte que beaucoup de balles tombaient tout autour dans les rues et les cours. Les maisons et les magasins environnants étaient remplis de Chaouias embusqués, tirant par les soupiraux afin d'assurer la tranquillité de ceux qui dévalisaient à l'intérieur.

Aussi le renfort du *Forbin* fut-il le bienvenu. A six heures dix, le *Galilée* signale à ce croiseur : « Envoyez dès que vous pourrez votre corps de débarquement, renforcé, avec trois jours de vivres et le maximum de cartouches. » Le *Forbin* répond : « Nous serons prêts à marcher vers six heures trente; nous avons tiré quelques obus sur très nombreux cavaliers massés près de la maison blanche. » Quelque temps après, le *Forbin* mettait à terre, dans la crique de Sidi Bel Yout, 44 marins commandés par l'enseigne Berry, puis le navire allait reprendre son mouillage de la nuit pour battre de son artillerie la route de Mazaghan où se concentraient des bandes de Chaouias.

La compagnie du *Forbin* dégage dès son arrivée l'hôtel David, d'où l'on découvrait la ville jusqu'à la porte du Socco. Après en avoir fouillé les abords, elle laisse huit fusiliers pour garder la position et vient ensuite coopérer aux dispositions de défense. Des hordes de plus en plus nombreuses cherchaient à se jeter à l'assaut de l'îlot France-Portugal, les unes par la porte de Sidi Bel Yout, les autres par la porte du Socco. L'artillerie de M. du Petit-Thouars fut chargée de repousser l'offensive des deux côtés. Dès six heures du matin, on mettait en batterie une des pièces de 65 sur la terrasse du consulat de France. L'installation était particulièrement difficile et risquée car le canon ne disposait pas du champ de recul nécessaire et la toiture éprouvait des réactions dangereuses. M. du Petit-Thouars eut l'idée d'arc-bouter les roues et la crosse contre des sacs d'orge à moitié vides; après avoir fait évacuer l'étage inférieur, il dirigea un tir indirect sur la porte du Socco, que diverses terrasses plus élevées masquaient au pointeur. En deux ou trois coups, son tir fut réglé : les groupes de cavaliers et de fantassins recevaient à l'improviste des éclats de fer venant d'un point invisible.

Le rassemblement prévu par les Arabes s'en trouve très gêné. Dès qu'un peloton paraît, il est arrosé d'obus. Les piétons s'arrêtent ou se cachent un instant, les cavaliers sont entraînés par les chevaux qui se cabrent. C'est à peine si quelques groupes arrivent en courant à pénétrer en ville.

Du côté de Sidi Bel Yout, les Marocains se rapprochent plus facilement, en se défilant derrière les dunes du rivage. M. de Gailhard-Bancel attend de les avoir à bonne portée pour régler le tir du 37 qui les refoule vers la plage, où ils sont la proie des canons des croiseurs. Vers neuf heures, une bande de 5 à 600 Chaouias à pied, accompagnés d'une nuée de cavaliers, a réussi à se concentrer derrière quelques talus et tente une attaque en masse. Leur élan ne résiste pas longtemps aux coups du 37. Les fantassins poussent des cris sauvages, font le moulinet avec leurs fusils, ramassent quelques morts ou blessés pendant que les cavaliers bondissent sur leurs chevaux terrifiés ou s'abattent sous eux. La colonne fléchit et se disloque. Le réglage du tir du *Galilée* et du *Du Chayla* une fois opéré, les obus à balles se mettent de la partie. Le flottement des groupes s'accuse. Les Marocains reviennent à la charge avec moins d'entrain, puis désorientés par les tués, les blessés, la fuite des moins atteints et l'absence de chefs à leur tête, ils finissent par se disperser. Bien peu parviennent jusqu'à la mosquée de Sidi Bel Yout, qui devait leur assurer la victoire d'après les fanatiques. L'acharnement des bandes est pourtant long à se décourager. Elles se reforment dans les jardins ou derrière les dunes pour reparaître après un temps de repos. Quand elles sont à 3 ou 400 mètres du consulat, le tir précis et bien repéré de M. de Gailhard-Bancel les rejette dans la campagne où les canons des navires les poursuivent. A perte de vue, les pistes sont sillonnées de fuyards, de chevaux qui galopent sans cavaliers, ou les emportent inertes à la renverse, ou tâchent de marcher malgré un membre brisé ou une croupe saignante. La déroute devient à peu près générale. Vers la fin de la matinée, l'attaque était définitivement repoussée.

Le commandant Mangin voulut alors profiter du canon de 65 sur la terrasse du consulat de France pour se débarrasser du minaret de la mosquée du Caïd dont le tir devenu très précis menaçait d'empêcher nos rapports par signaux avec les navires. Un marin ne pouvait pas aventurer la tête au-dessus de la balustrade du consulat sans provoquer une petite salve. Au début, les balles se perdaient à cause du mépris de l'ennemi pour la hausse de ses fusils; maintenant, l'observation des coups avait formé les Arabes et on avait mille peines à protéger les timoniers qui transmettaient les messages, debout, en agitant les mains ou l'œil à la jumelle.

L'ennemi avait des Mauser, des Winschester, des Martini

et quelques Chassepot, mais surtout des Mauser. On ne voyait guère d'où venaient les balles, tirées qu'elles étaient d'abris d'une blancheur éclatante et avec de la poudre sans fumée. On entendait seulement leur sifflement et le choc quand elles s'aplatissaient. Elles étaient souvent à bout de plomb rentré et rapporté sur du maillechort de sorte qu'elles s'épanouissaient dans les plaies en forme de champignon. Le chef de bataillon Mangin, d'accord avec le commandant supérieur Ollivier, avait donné à l'artillerie, sur terre comme à bord, des ordres formels pour épargner les mosquées à cause de leur caractère et pour qu'elles pussent servir de lieux d'asile aux non-combattants. Mais dans le cas présent, après avoir invité Si Allal Ben Abbou à constater la situation, il prévint Mouley-Lamin que si le minaret ne cessait pas le feu il serait bombardé. L'oncle du Sultan répond que, vu son impuissance et le cas de légitime défense, on était en droit de prendre les moyens de rigueur : quelques coups mettent le minaret en si piteux état que les tireurs ne pouvaient plus s'y cacher sous peine de précipiter sa chute sur leurs propres têtes. On cesse donc le feu : il suffisait d'avertir les mosquées par un exemple et le plafond du consulat témoignait par un enfoncement marqué qu'il craignait, lui aussi, l'artillerie.

Cependant le commandant Ollivier ne se crut pas autorisé à détourner plus longtemps le *Du Chayla* de sa mission et, malgré les services que rendait le croiseur, il le fit partir à midi pour Mazaghan, retenant seulement sa compagnie de débarquement indispensable à la défense. Le docteur Avérous dut rentrer à bord dans la matinée, à cause de l'appareillage, emmenant son matériel chirurgical et le blessé Dubois qui pouvait marcher. Il aurait été impossible d'en évacuer d'autres ; pour regagner l'embarcation dans la crique de Sidi Bel Yout, le médecin et les infirmiers durent faire le coup de feu contre les Arabes embusqués derrière les barcasses échouées. Le matelot Étourneau fut atteint d'une balle à la hanche droite en pointant le canon de 37 placé à l'avant du canot.

Cet incident et le départ du *Du Chayla* obligèrent à renoncer au transport en rade d'une partie de la colonie espagnole. L'enseigne de vaisseau, commandant le détachement du *Don Alvaro de Basan*, était venu trouver M. du Petit-Thouars le

5 au soir et lui avait demandé d'organiser cet exode afin de dégager le consulat d'Espagne encombré. M. du Petit-Thouars, en promettant de s'employer de son mieux pour donner satisfaction à nos alliés, n'avait pas caché que ce mouvement lui paraissait presque impraticable, tant en raison de l'escorte nécessaire pour conduire tout le monde à la plage et des risques à courir pendant l'embarquement dans les canots, qu'à cause de l'impossibilité de se procurer des embarcations en nombre suffisant. Grand avait donc été son étonnement de voir arriver pendant la matinée au consulat de France 60 à 80 Espagnols demandant des moyens d'aller en rade. Il fallut expliquer aux pauvres gens que leur désir était irréalisable : bien que le consulat fût archi-comble, on donna l'hospitalité à une partie d'entre eux ; le reste fut dirigé sur le groupe de maisons attenant au Consulat de Portugal où M. de Gailhard-Bancel enleva quelques chambres à ses marins pour les leur offrir.

Le problème de l'alimentation devenait difficile pour la défense, étroitement bloquée et obligée de nourrir une foule de réfugiés. Le *Galilée*, premier occupant, avait conservé la cuisine du consulat où se préparait la nourriture de tout le détachement. C'était une petite pièce enfumée, séparée en deux parties par une cloison et pourvue d'un fourneau de campagne dans un coin. On y accédait soit par la cour, soit par l'office, transformé en dépositoire, où Bourdoulous dormait son dernier sommeil. Le quartier-maître armurier Boinot, qui ne pouvait s'absenter à cause de l'entretien des armes et de la distribution des cartouches, veillait en même temps sur les apprêts culinaires. Les matelots, qui n'étaient pas de service, mangeaient dans la cuisine en deux tables. La première près des fourneaux était présidée par Cosme, entouré de la section de réserve qui s'intitulait elle-même sa garde d'honneur. Chacun s'asseyait au petit bonheur, sans place attitrée. Cosme s'attribuait seulement le coin près de la porte pour pouvoir se lever plus vite en cas d'alerte. Ballande et le Dr Brunet venaient, quand ils avaient le temps, et se mettaient entre les hommes qui se poussaient pour leur faire une place. C'était la vraie fraternité d'armes autour de la même écuelle. On échangeait les fourchettes et les couteaux trop peu nombreux, on se servait du même litre. Quand la première faim était apaisée, on commençait à raconter les histoires de la journée, fusillades de terrasse à terrasse, poursuites dans les rues, enlèvements de gourbis à la baïonnette. Le canonnier Alquier expliquait ses ruses de guerre contre les Marocains du minaret. Quand il avait remarqué le créneau d'où partaient quelques coups précis, il s'abstenait de répondre pendant assez longtemps, parfois même agitait à distance un béret de matelot pour exciter le tireur sans lui répondre. Il l'engageait ainsi à prendre confiance et à se montrer davantage. Quand l'autre, rassuré, était suffisamment visible, il l'ajustait et le tirait comme à l'affût. Le plus souvent, le fusil ennemi se tenait coi, le créneau se vidait, et Alquier annonçait : un de plus ! aux camarades à plat ventre près de lui.

Cette communauté de vie dans la petite cuisine enfumée, où chacun se voyait à l'œuvre, où toutes les différences étaient oubliées, où il ne restait que des Français de bonne humeur, était plus réconfortante que ce qu'on mangeait. Si rudimentaire que fût l'organisation du *Galilée*, celle du *Du Chayla* était encore plus précaire, car ses hommes, descendus la veille sans havresacs et vêtus aussi légèrement que possible pour débarquer à la plage et sauter le mur de Sidi Bel Yout, étaient dépourvus d'ustensiles, de plats, de marmites, et même d'un local où ils pussent préparer leurs aliments. Mais un des axiomes le plus fréquemment invoqué de la marine est : « Débrouille-toi ». Dans un coin de la cour, sur un brasier improvisé, une lessiveuse devint une gigantesque soupière ; les boîtes d'endaubage vides servirent de gamelles et quelques ferblanteries récoltées au hasard des sorties, dans les rues vidées par les pillards, fournirent des ustensiles. Avec cela, un groupe « de cuisine » sut servir à toute heure des rations aux combattants affamés, qui repartaient aussitôt à leur poste.

Aux consulats d'Angleterre et du Portugal, MM. de Teyssier et de Gailhard-Bancel avaient utilisé les ressources mises à leur disposition par les propriétaires qui partageaient avec leurs défenseurs la pitance commune. Le chef de bataillon Mangin et le lieutenant de vaisseau Du Petit-Thouars avaient leur quartier général dans le bureau de la chancellerie : ils en étaient réduits à s'alimenter des envois de l'un ou de l'autre détachement. Le premier soir à dîner, vers neuf heures, ils se trouvèrent réunis devant un pain de munition et une petite boîte de cette conserve que les marins appellent irrévérencieusement « du singe ». Quant aux pauvres réfugiés, le dénuement et des craintes de toutes sortes les empêchaient de prendre leur misère avec entrain. Les matelots leur distribuaient tout ce qu'ils pouvaient et le consulat avait réquisitionné quelques animaux, mais la plupart des réfugiés payaient par de rudes privations la probabilité de sauvegarder leur existence. Les officiers, qui ont vu leurs mines hâves et leurs yeux cernés pendant ces jours de siège et qui ont assisté aux discussions de pères se disputant un morceau de pain pour leurs enfants, n'oublieront jamais l'émotion qui les a parfois étreints. C'était à M. du Petit-Thouars qu'incombait la tâche difficile et ingrate de régler tous les détails du service intérieur. Il aurait bien préféré, comme il le demanda avec insistance, diriger les sorties de sa compagnie dans l'après-midi ; mais le commandant ne les jugeait pas assez importantes pour se priver des services d'un officier à qui son grade donnait autorité sur tous les détachements. A chaque instant, le fonctionnement des postes installés dans la ville, soulevait des problèmes et des décisions. C'étaient des hommes, des sous-officiers, des messages à envoyer, des objets à demander aux navires, des nouvelles à donner, des renseignements à fournir aux camarades Espagnols, des munitions à répartir, des agents consulaires à écouter, etc., bref le rôle de chef d'état-major dans une place assiégée où les ressources font défaut.

Quelques familles s'étaient campées dans le jardin, près des tombes des victimes du 30 juillet. Les Israélites se tenaient de préférence près de l'écurie où l'on abattait de temps en temps une maigre bête dont ils se partageaient les déchets. Près de la porte, était postée la section de réserve. Devant les fenêtres de l'ambulance, circulait volontiers le groupe des personnages officiels, M. Luret, M. Berti, M. Philipp. Si Allal ben Abbou restait sous un arbre, près de la chancellerie où le chef de bataillon Mangin travaillait et recevait sans trêve.

Au milieu de ce monde affairé, les timoniers apportaient les signaux, les chefs de détachement rendaient compte de leurs sorties, les sections se relevaient, les gradés rassemblaient leur personnel et visitaient les cartouchières, les hommes de corvée s'interpellaient pour s'entr'aider; seuls quelques torpilleurs mineurs étaient silencieux, creusant la tombe de Bourdoulous.

Le début de l'après-midi fut employé à maintenir les communications entre les consulats à l'aide de patrouilles. Chaque détachement et, dans chaque détachement, chaque section avait son tour de sortie et les marins qui le connaissaient veillaient jalousement à ce qu'il n'y eût pas de changements ou d'erreur. Ballande s'étant trompé et ayant désigné pour faire évacuer le consulat de Danemark indéfendable, une section qui avait déjà marché le matin, la section dont c'était le tour lui dépêcha aussitôt quelques hommes pour lui demander quelle raison la privait d'une mission qui lui revenait régulièrement, alors qu'elle croyait s'être toujours bien conduite au feu et avait eu des blessés. L'ordre fut rectifié aussitôt et les délégués revinrent triomphants, non pas tant de la justice obtenue que de la déconvenue de ceux qui s'apprêtaient à partir.

Trente matelots du *Forbin* commandés par l'enseigne Berry, sont envoyés par le chef de bataillon Mangin à la recherche de quelques familles européennes, bloquées dans leurs maisons. On arrive à temps pour les ramener saines et sauves. Une d'elles est française, trois sont italiennes, une espagnole, plusieurs israélites; au groupe se joint un gardien arabe du consulat de France, Abd el-Kader ben Ahmes, qu'on croyait disparu ou victime de ses amitiés françaises. Un autre détachement emprunté au *Galilée* et au *Du Chayla*, après l'évacuation du consulat de Danemark, visite les autres consulats abandonnés. Celui d'Allemagne est intact; par contraste avec ses environs, on remarque qu'il n'a aucune trace de balles sur ses murs, aucun vestige de violence; l'immunité diplomatique lui a été conservée. En revanche les banques ont reçu un assaut furieux, les portes sont démolies, les meubles brisés, les armoires vidées, les tiroirs arrachés. Un coffre-fort de la Banque d'État contenant 60 000 pesetas a été descellé et emporté, mais les autres ont résisté. Le grand coffre-fort présente plus de trois cents empreintes de balles et des traces innombrables d'effraction ou de coups de barre de fer. On a essayé de l'arracher, d'y mettre le feu, de le défoncer de toutes les manières; il a tenu bon.

L'immeuble de la Compagnie Algérienne a été dévasté, pillé et incendié en partie. Dans les rues voisines, les plus commerçantes, les magasins sont éventrés. Leur contenu a été emporté ou jeté sur le sol. Il est curieux de voir avec quel soin minutieux les Chaouias ont ratissé les murs pour être sûrs que rien ne leur échapperait, surtout les cachettes. Par terre, c'est une accumulation de papiers et de débris variés, qui forme une épaisse litière. On marche sur une couche d'objets cassés et de lambeaux enlevés aux appartements. Pêle-mêle, au milieu des tessons, des cadavres sont couverts de mouches. Les corps nus, qui souvent baignent dans le sang caillé, se boursouflent très vite, deviennent monstrueux et puants. On dirait qu'ils vont crever, tant la peau est distendue ; tous les orifices suintent et sont remplis d'insectes bourdonnants. Quelles scènes ont dû se passer la nuit dernière entre les murs, quand les féroces campagnards des tribus après le viol des femmes et le pillage des maisons emmenèrent de force les habitants comme esclaves ! Les citadins de Casablanca ont dû regretter alors d'avoir accueilli leurs excitateurs dans la matinée du 30 juillet ! Une troisième patrouille est envoyée sous les ordres de Cosme dégager les bâtiments annexes de la Compagnie Marocaine dont les magasins tentent particulièrement les Arabes. C'est, de plus, une position importante, car des terrasses on jouit de la vue la plus étendue sur les rues qui conduisent au consulat, sur la partie Est de la ville, sur les jardins, où se reforment sans cesse les groupes dispersés par le canon.

Du côté du consulat de Portugal, Gailhard-Bancel dut également nettoyer à la baïonnette les environs de la mosquée de Sidi Bel Yout, refuge des tireurs marocains qui ne laissaient aucun répit à son poste. Là encore on se trouvait en face de l'épineuse question des mosquées. Sidi Bel Yout, marabout vénéré, passait auprès des indigènes pour être le protecteur de Casablanca ; sa *kouba* était un lieu de pèlerinage très fréquenté, surtout des femmes. Par respect de la religion musulmane, on se faisait scrupule de détériorer un de ses sanctuaires réputés ; par humanité, on tenait à réserver un lieu d'asile aux gens inoffensifs ; mais les fanatiques répandaient le bruit que le saint veillait sur son temple, le gardait invulnérable, que tous ses défenseurs n'avaient rien à craindre et s'attiraient des faveurs célestes, et les Chaouias qui avaient remarqué nos ménagements en tiraient un surcroît d'audace. Un marin apparaissait-il aux environs, aussitôt les balles giclaient autour de lui. A la longue, on perdait patience et on allait cueillir sur place à la baïonnette les tireurs dissimulés qu'on ne pouvait atteindre autrement. C'était à qui arriverait le premier à la case suspecte et parfois les hommes, se bousculant un peu, évitaient de prendre certaines précautions de prudence. C'est ainsi que le matelot Bracco du *Du Chayla* fut légèrement blessé au niveau de l'omoplate.

Aussitôt après son pansement, eurent lieu les obsèques du quartier-maître Bourdoulous tué la nuit dernière au consulat de Suède : ne pouvant se procurer ou confectionner un cercueil, le Dr Brunet ordonna d'envelopper le corps d'une natte et d'un tapis emprunté à M. Malpertuy. La laine, imputrescible dans le sol, surtout arrosée d'antiseptiques, permettrait de relever aisément et entièrement la dépouille qu'on allait confier à la terre, quel que fût le moment choisi par la suite. M. du Petit-Thouars avait prescrit les honneurs à rendre et informé l'officier espagnol : quelques prières sont murmurées par un franciscain espagnol, le Père José de San Antonio Alvarez; puis les marins du *Du Chayla* portent leur camarade jusqu'à la fosse creusée dans un coin du jardin, à côté des victimes du 30 juillet. Le chef de bataillon Mangin, un officier espagnol, le vice-consul M. Maigret, le personnel du Consulat, les officiers présents, les Européens réfugiés, les hommes des détachements de réserve rendent un dernier hommage silencieux. Les coups de feu qui éclatent des terrasses voisines servent de salve.

Vers quatre heures et demie, un retour offensif des Arabes produit une vive alerte. La mise en batterie des petits canons et le tir renforcé de tous les hommes disponibles, énergiquement appuyé par les pièces des navires, arrêtent le flot envahissant des tribus qui trouvait un facile accès en ville par les ruines fumantes du mellah. Le commandant Mangin juge prudent d'augmenter les postes pour la nuit, car les communications seraient impraticables dans les ruelles obscures. Une patrouille, fournie par le *Forbin* et commandée par l'enseigne Berry, va ravitailler le consulat d'Angleterre en munitions.

Elle lui amène aussi 18 marins du *Du Chayla* qui portent sa garnison à 30 hommes. C'est toujours l'enseigne de Teyssier qui est chargé de ce poste, d'une défense difficile à cause de l'enchevêtrement des maisons avoisinantes. M. Berry laisse également 12 hommes du *Du Chayla* avec le second-maître Boisard au consulat d'Espagne, centre d'une fusillade très active, car il est placé au fond d'une rue étroite dans un cul-de-sac entouré de constructions sensiblement plus élevées de plusieurs côtés. Un des canons de 37 débarqués par le *Du Chayla* avant son départ est hissé sur le toit de l'hôtel David près du consulat de France. La place qui le précède et la rue principale qui vient de la porte du Socco seront ainsi battues d'enfilade et intenables si la poussée de l'ennemi vient de la ville arabe. La Compagnie Marocaine, le consulat d'Autriche, le groupe de maisons du consulat de Portugal conservent les mêmes effectifs que la veille; mais le consulat de Suède, à cause des nouvelles pessimistes de Mouley-Lamin, reçoit 16 hommes du *Galilée*. Il en résulte que la maison de France, réduite au strict minimum, ne garde qu'une section du *Galilée* et une section de réserve. M. Mordock, commerçant anglais, futur gendre de l'agent consulaire de Suède, vient se faire panser à l'ambulance d'un coup de feu reçu derrière l'oreille en sortant de chez lui. Le Dr Brunet le reconduit jusqu'au consulat de Suède pour donner ses soins à un enfant. A cette occasion, l'agent consulaire, M. Fernau, manifeste son admiration pour le tir des canons des navires français : « Je ne croyais pas, dit-il, qu'on pût arriver à une pareille précision sur un but aussi mobile que les cavaliers arabes. Nous suivons avec une jumelle ou une lunette les effets de vos obus qui déconcertent les Chaouias. Une bande de Marocains s'avance; un projectile tombe au milieu d'eux; les tués et les blessés restent sur place, les autres détalent à toutes jambes. A quelques centaines de mètres, un autre projectile en écrase quelques-uns et la poursuite continue ainsi très loin. Il en est de même pour les cavaliers; une bombe éclate; quelques chevaux roulent dans la poussière; d'autres cherchent à se relever en boitant et retombent bientôt; les autres ruent, font des bonds énormes et tournent bride à toute vitesse; à quelque distance un obus les a rejoints. Le *Galilée* et le *Du Chayla* méritent le nom de frégates infernales que les Arabes leur donnent maintenant. »

C'est qu'à bord, depuis un jour entier, l'artillerie suivait les évolutions de l'ennemi dans la plaine. L'enseigne Bérenger s'était empressé de repérer les distances et les points saillants de toutes les pistes. Aussi quand les premiers projectiles avaient arrêté une colonne, les obus suivants allaient arroser les fuyards au passage où ils couraient se faire massacrer : les piétons, perdant la tête, se jetaient parfois à la débandade, de côté et d'autre ; mais les chevaux, terrorisés par le bruit, l'odeur et les éclats de fer, se cabraient et retournaient instinctivement à toute allure par le chemin déjà suivi, emportant leurs maîtres à une catastrophe plus assurée. Cette chasse passionnait les pointeurs ; les Chaouias étaient incapables de se rendre compte du calcul ; leurs qualités ordinaires d'observation disparaissaient devant la hantise du pillage et du viol ; leurs cervelles rudimentaires de pauvres campagnards imaginaient les maisons de Casablanca gorgées de richesse, bijoux, tapis, sacs de douros, etc., et remplies de femmes. Et tout à coup la trombe de feu les enveloppait.

La soirée fut relativement calme. Les tribus s'occupaient à mettre Casablanca à sac. Les maisons étaient, une à une, méthodiquement fouillées et sondées. Ce qui était bon à prendre était mis en tas pour être emporté. Les habitants, femmes et garçons, après avoir subi les derniers outrages, étaient soumis à la bastonnade ou au chauffage des pieds pour les forcer à indiquer l'endroit où était enfoui l'argent. Butin et gens étaient conduits dans l'enceinte, où s'organisaient les caravanes vers les douars. Chameaux, mules et ânes partaient de là lourdement chargés, environnés d'un troupeau de captifs, hommes, femmes et enfants, qui n'avaient pas toujours conservé un vêtement. On les emmenait à coups de triques. Si l'escorte n'était pas suffisante, elle était attaquée en route et obligée de partager ou de se laisser razzier complètement par les gens de la tribu dont on parcourait le territoire. Des familles prisonnières changèrent ainsi trois fois de possesseurs, avant d'arriver au terme de leur esclavage. Le long des pistes des Chaouias se liquidèrent la fortune et le sort des citadins, Juifs ou Arabes de Casablanca. La quantité d'esclaves provenant du sac de la ville fut telle qu'elle amena une dépréciation énorme des prix habituels. A Mazaghan et à Rabat, on vendit des Juifs pour 25 sous et même pour 9 sous; d'autres furent échangés pour une cartouche : leurs maîtres ne pouvaient ou ne voulaient pas les nourrir.

***

Mercredi, 7 août 1907. — A la faveur des ténèbres, la besogne de dévastation se poursuit dans tous les quartiers indigènes; on tiraille autour des postes européens surtout pour les empêcher d'intervenir. Par intervalles, des coups de fusil éclatent de-ci de-là, indiquant qu'un Marocain croit avoir aperçu un matelot à la terrasse d'un consulat ou qu'il n'a trouvé que ce moyen de venir à bout d'une victime récalcitrante. Par bouffées, les feux de salve reprennent quand une sentinelle aperçoit une bande qui se glisse le long des murs. On distingue très bien les balles arabes à leur sifflement plus léger, plus doux; elles s'écrasent sur les pierres ou les revêtements des bâtiments sans pénétrer. Leur plomb s'étale en champignon contre l'obstacle.

Les projecteurs des navires envoient de longs pinceaux lumineux, qui provoquent l'apparition spectrale de tranches de maisons toutes blanches. Comme elles ont l'air paisibles! Il ne s'en échappe qu'une vague rumeur. Parfois le canon tonne : dans une traînée de lumière, on voit surgir des burnous gagnant la ville ou une caravane de chameaux qui s'éloignent chargés et entourés d'un grouillement humain. Quelques obus suivent le défilé, tant qu'il reste un groupe, puis tout se tait de nouveau. Parfois, à la faveur d'une débandade générale, quelques victimes du convoi assurent la libération de leurs compagnons d'infortune.

Vers minuit un quart, le vice-consul, M. Maigret, trouvant le Dr Brunet veillant, lui demande des nouvelles des blessés. Aucun n'a manqué de rien; tous sont en bonne voie et endormis sauf un. Le *Galilée* a envoyé dans l'après-midi le complément de matériel médical et le Dr Merle a donné ce qui restait de son dispensaire indigène. Madame Maigret mère et miss

Spinney ont préparé des sirops calmants et des boissons toniques à discrétion. Elles ont taillé des draps, des moustiquaires, des serviettes, dans des pièces de toile ou de gaze. L'alimentation s'est faite exclusivement avec les quelques œufs que madame Maigret mère avait réservés pour les malades. En ce moment, les souffrances sont oubliées dans un sommeil profond, que n'interrompt pas le bruit des armes. Seul, le canonnier Guillou, du *Du Chayla*, blessé mortellement, la nuit dernière, au consulat de Suède, commence à soulever difficilement la poitrine malgré les injections stimulantes. La respiration s'espace et le souffle devient plus léger. Les yeux à demi voilés et ternes regardent en l'air. C'est un petit Breton au front têtu, aux pommettes cendrées, à la moustache naissante, et qui est tranquille, résigné, peu loquace. Il n'a pas eu un mot de plainte ou de demande ni pour lui, ni pour les siens. Il a répondu par signe qu'il ne souffrait pas. Peu à peu, son pouls palpite, défaille comme les derniers coups d'aile d'un oiseau épuisé. Vers quatre heures quarante-cinq, il tente en vain un mouvement sur le côté, retombe sur le dos et très doucement ses yeux deviennent tout à fait fixes tandis que perle sur les tempes la fugitive sueur qui précède le départ pour l'éternité.

Après lui avoir fermé les paupières, on l'emporte à l'écart dans la petite pièce des munitions. Roulé dans un linceul, couvert du pavillon tricolore, entouré de hautes tiges de lauriers blancs en fleur et de géraniums rouges, il attend, près de ses compagnons d'armes, le moment d'aller reposer dans le jardin du consulat.

Vers cinq heures du matin, une attaque violente des Arabes se produit sur toute la ligne, mais particulièrement acharnée sur les consulats d'Angleterre et d'Espagne qui sont plus rapprochés de la ville indigène. C'est un feu nourri dont l'intensité dépasse à certains moments tout ce que nous avons déjà entendu. Il faut recourir aux sorties afin de se dégager sur divers points. Près du consulat britannique, un incendie n'empêche pas une fusillade tellement rapprochée que l'enseigne de Teyssier doit déloger deux fois les Marocains à la baïonnette. Il n'a aucun blessé, mais trois fusils sont cassés par des balles entre les mains de ses hommes. Du côté de Sidi Bel Yout, l'enseigne de Gailhard-Bancel, qui commande l'îlot de Portugal, subit un feu qui menace d'interrompre les communications avec la mer. Le chef de bataillon Mangin a appris que de nombreux coups de fusil partent des gourbis qui environnent le consulat de France ; il se résout à en finir et à nettoyer la place à l'arme blanche. Cosme est chargé de l'opération avec vingt marins du *Galilée*. Il arrive sur une sorte d'enclos barricadé qui renferme des huttes de roseaux et de chaume, dissimulant à souhait les tireurs embusqués et permettant la fuite à travers les palissades. La porte saute sous une cartouche de dynamite et pendant que quelques matelots gardent l'entrée les autres fouillent les taudis à la baïonnette.

Au cours de l'opération, on trouve quelques vieilles femmes qui poussent des *you*, *you*, *you* lamentables, en tremblant de tous leurs membres. La même patrouille visite ensuite les cases indigènes les plus rapprochées de la Compagnie Marocaine. Sur le chemin du retour, nos marins rencontrent, baignant dans son sang, traversée de plusieurs balles, dont une lui avait brisé le bras et enlevé une partie du sein, une vieille femme arabe, pleine de vermine, qu'ils relèvent et portent à l'ambulance. Questionnée par miss Spinney et le docteur Merle, elle raconte qu'elle a voulu disputer sa petite-fille aux Chaouias qui l'avaient violée sous ses yeux et l'emmenaient captive. Malgré son bras cassé et sa poitrine en sang, elle avait tenté de suivre son dernier enfant, et, à distance, elle lui criait qu'elle ne l'abandonnait pas. Ses appels provoquèrent la colère des ravisseurs, peu soucieux d'être accompagnés par une bouche inutile ; ils tirèrent de nouveau sur la malheureuse qui cette fois, perdant trop de sang, trahie par ses forces, s'affaissa dans la rue. Pansée et réconfortée, elle est hospitalisée dans un cabanon de la cour ; on n'a pas le temps de la délivrer de ses bataillons de poux. Sans plaintes ni larmes, elle reste des heures, immobile, les yeux fixes comme ne pouvant se détacher de visions d'épouvante. A peu de distance, les quelques prisonniers qu'on a retenus pour les employer aux corvées le cas échéant, gardent une attitude impassible, sans un mouvement, accroupis sur leurs talons, drapés dans leurs loques sordides : la seule manifestation qu'on puisse surprendre chez eux est leur regard effaré devant les préparatifs des marins qui partent en détachement.

Cependant les tribus accouraient de toutes parts dans Casablanca, puis, la curée faite, se précipitaient sur les points de résistance, seul morceau qui restât aux tard-venus.

Le *Forbin* signalait à sept heures quarante : « Des milliers de cavaliers arrivent de Mazaghan vers l'extrémité de la ville ». Du côté de la porte du Socco, Cosme apercevait aussi de forts rassemblements de cavaliers et était obligé de remettre en batterie les 65 pour seconder le tir des navires très efficace dans la campagne, mais d'action plus limitée dans les rues. Les timoniers placés aux consulats d'Espagne et d'Angleterre signalaient au milieu des balles des nouvelles inquiétantes. Un d'eux, Le Guen, du *Galilée*, tombe atteint en pleine poitrine d'une balle qui ressort par le dos en tournant sur une côte au-dessous du sein droit. Visés spécialement, ces braves timoniers ont eu quatre des leurs blessés, sans que les signaux aient jamais subi un arrêt ni une erreur de transmission.

Vers sept heures du matin, arrive au consulat de France une délégation du consulat d'Espagne ayant à sa tête le chancelier et l'enseigne commandant le détachement, qui explique au chef de bataillon Mangin qu'à leur avis la situation est plus mauvaise que jamais et qu'ils ne savent s'ils pourront tenir longtemps. Pendant la nuit, les Chaouias s'étaient glissés de maison en maison et occupaient des positions compliquant à l'excès la défense du consulat.

Jusque-là, le commandant Mangin n'avait pas voulu se séparer du lieutenant de vaisseau Du Petit-Thouars. Cette fois, la situation de nos postes avancés semblait grave et il était nécessaire de reconnaître la situation par un détachement important et par un officier parfaitement au courant des ressources de la défense, qui saurait prendre les décisions voulues. On mit donc à la disposition de M. du Petit-Thouars les dernières forces disponibles, soit 15 hommes du *Du Chayla* et 30 du *Forbin* avec l'enseigne de vaisseau Berry. Bou-Guerra, ordonnance du commandant, servira d'interprète arabe : M. Mercié et Abd el-Kader, le Mokhazni du consulat, rempliront les fonctions de guides.

Vers sept heures et demie, la colonne franchit la porte de la maison de France; mais à peine a-t-elle parcouru deux cents mètres et dépassé la mosquée du Caïd, au minaret ébréché, qu'elle tombe sur une bande de Marocains qui fait irruption de diverses boutiques et décharge ses armes à bout portant. M. du Petit-Thouars fait barrer la rue et exécuter des feux de salve. Des Arabes tombent, d'autres, blessés, s'enfuient ; mais le plus grand nombre s'abrite dans les maisons ouvertes et dévastées. Postés aux ouvertures ou occupant des terrasses, ils conservent l'avantage de la position. Ils blessent plusieurs matelots. A l'arrière-garde, le second-maître canonnier Le Gall, du *Du Chayla*, a la jambe traversée au-dessous du genou droit. Au centre, le quartier-maître de mousqueterie Crenn, du *Forbin*, est atteint au niveau de l'os malaire. Le canonnier auxiliaire Calvez, du *Forbin*, placé en avant, à côté de M. du Petit-Thouars, a le bras gauche fracassé par une balle. Sans rien dire, il attend dans le rang, que le tir de ses compagnons ait dégagé la rue. Il passe alors son fusil au voisin, informe de sa blessure M. du Petit-Thouars, qui, tout à la direction de l'attaque, ne s'est aperçu de rien, et il regagne tranquillement à pied le consulat de France.

M. du Petit-Thouars, voyant qu'il va au-devant de grosses pertes sans utilité, maintenant qu'il a reconnu le quartier, ne pousse pas plus en avant son avantage. Il ramène vers la droite le détachement et par un combat pied à pied gagne la ruelle qui conduit au consulat d'Espagne. Il indique aux hommes qu'il domine de sa haute taille les crêtes de murs ou les toits les plus dangereux. Il épargne ainsi de nouveaux sacrifices et peut se porter sans retard aux secours des Espagnols, après avoir fait évacuer ses blessés à l'ambulance. La colonne Du Petit-Thouars arrive à temps pour tirer le consulat d'Espagne d'une situation critique. Elle est accueillie par les cris de : *Vive la France !* Malgré les renforts envoyés la veille et l'énergie de la défense dont une part des plus brillantes revient au second maître Boisard, du *Du Chayla*, l'ennemi s'approchait de plus en plus. Les marins espagnols avaient un mort et deux blessés ; les Français, quatre blessés. L'officier espagnol déclare ne pouvoir tenir longtemps ; les maisons environnantes, qui dominent le consulat d'Espagne, sont aux mains des assaillants ; il faut s'en emparer pour briser le cercle qui se resserre. M. du Petit-Thouars repart vers le consulat de France pour y prendre une pièce d'artillerie. Une poignée de matelots du *Du Chayla* se précipitent à la baïonnette dans l'hôtel de France occupé par les Arabes. Ils les refoulent pièce par pièce, marche par marche, étage par étage, et finissent par gravir l'escalier de la terrasse, dernier et suprême refuge de leurs adversaires affolés qui envoient un feu nourri derrière eux avant de sauter dans la cour de l'hôtel International. Nos marins occupent la terrasse. De là, ils dominent le consulat d'Espagne et la cour de l'hôtel International, remplie de Chaouias qu'ils fusillent comme dans un puits. Une débandade se produit. Après quelques feux de salve sur les fuyards, les abords du consulat d'Espagne sont dégagés. Les marins français rentrent en ramenant leur camarade Vetraino dont le sang ruisselle sur les marches de l'escalier. Les Espagnols les acclament aux cris de : *Vive la France*, *Vive l'Espagne !* M. du Petit-Thouars, pour éviter un nouvel investissement, laisse à titre de garde permanente l'enseigne Berry avec 15 hommes du *Forbin* et un canon de 37 millimètres, puis se dirige vers le consulat d'Angleterre en apportant un canon de 65 réclamé d'urgence par l'enseigne de Teyssier dont la position est si alarmante que le consul a brûlé le chiffre. Là encore, l'enchevêtrement des constructions environnantes avait permis aux Arabes de se glisser durant la nuit autour de la petite garnison et de la dominer de très près. De Teyssier pour se débloquer avait effectué quatre sorties à la baïonnette ; mais le cercle s'était reformé. Si l'adversaire avait osé enfoncer les portes, son nombre lui permettait d'en finir. Le consul, après avoir détruit ses archives, s'attendait à l'envahissement. Enfin M. du Petit-Thouars arrive du consulat d'Espagne. Ses hommes traînent à bras le 65, le hissent sur la terrasse britannique, et l'installent comme au consulat de France en utilisant des matelas et des oreillers fournis par M. Madden. De Teyssier s'occupe aussitôt à en régler le tir. Lorsque M. du Petit-Thouars descend de la terrasse, le Consul d'Angleterre le prend à part et lui dit : « En Angleterre, on a la réputation du sang-froid et de la désinvolture devant l'ennemi. Mais j'estime que M. de Teyssier s'est montré ces jours-ci supérieur aux Anglais. Je rendrai compte à sir Gérald Lowther, ministre de Grande-Bretagne au Maroc, de sa belle conduite et de celle des marins du *Du Chayla* placés sous ses ordres. »

Le canon, dirigé par de Teyssier, rend intenable les abris de l'adversaire. Les Marocains lâchent pied. Les défenseurs redeviennent maîtres des environs du consulat et détruisent tout ce qui pourrait empêcher de tenir l'ennemi à distance. M. du Petit-Thouars peut s'en aller en ramenant son détachement. Mais de Teyssier est obligé de maintenir son avantage, car les tireurs embusqués sont tenaces. Il finit par en être la victime. Pendant qu'il pointe la pièce de 65, une balle lui traverse la cuisse et s'amortit sur la cartouchière du matelot Garrigues placé derrière lui. Bien qu'il perde son sang en abondance, il veut rester à son poste, mais ses forces le trahissent et ses hommes doivent l'emporter. Le second-maître Guillou prend aussitôt sa place; quelques instants après sa casquette est traversée par une balle.

Pendant ce temps, M. du Petit-Thouars repasse par le consulat d'Espagne pour s'assurer que les Marocains n'ont pas renouvelé leur attaque. Il trouve le poste tranquille, entretenant seulement la fusillade nécessaire pour tenir les environs libres. Lorsqu'il rentre à la maison de France, sans nouvelles pertes, ayant rempli sa mission et sauvegardé deux consulats, le *Galilée* signale l'approche de l'escadre de l'amiral Philibert. On ne l'aperçoit pas encore, mais le navire s'est mis en rapport avec elle par télégraphie sans fil et le capitaine de frégate Ollivier a reçu de l'amiral à huit heures quarante-cinq la dépêche suivante : « Je vous félicite de votre action vigoureuse. » Quelque temps après, la *Gloire* arrive à la distance où les pavillons sont visibles; elle hisse le signal : « L'amiral témoigne sa satisfaction au *Galilée*. »

L'attaque des Arabes étant repoussée sur toute la ligne, le chef de bataillon Mangin se met en mesure de faciliter le débarquement des troupes du général Drude qui seront mises à terre dans l'après-midi. Le point choisi est la crique de Sidi Bel Yout ou anse des Barcasses; il envoie l'enseigne Cosme avec une section du *Galilée* occuper la crête du mur de la ville depuis le consulat de Portugal jusqu'à Bab-el-Rah. Un engagement assez vif se produit, car les Arabes, surpris, se défendent désespérément, acculés aux remparts. Ils ne peuvent éviter les baïonnettes qu'en sautant dans la campagne de plusieurs mètres de haut, au risque de se casser les jambes ou d'être fusillés si, après une chute heureuse, ils arrivent à se sauver.

Autour des postes, la fusillade continue, mais par bouffées, disséminée, sans concentration offensive sur un point spécialement visé. Le tir du *Galilée* et du *Forbin* nettoie la campagne et éloigne des portes les nouvelles bandes qui arrivent sans cesse. Tout à coup, crépitement des balles et grondement des canons cessent; une pause de quelques minutes survient comme par enchantement. L'oreille habituée à la fusillade est surprise : on se demande ce qui se passe, et on se précipite sur les terrasses pour voir. On distingue alors, au loin, sur la mer, des fumées noires arrivant en ligne : la flotte française! Les Arabes, comme nous, ont tenu sans doute à s'assurer qu'il s'agissait de plusieurs navires et à se faire une idée des forces qui survenaient; de là, l'espèce de suspension d'armes, qui s'est produite naturellement. Chacun lâche son fusil pour regarder et vérifier les bruits répandus. La constatation est sans doute favorable aux frégates : les coups de feu et le sifflement des obus reprennent, mais isolés, moins intenses et avec des périodes de répit. L'escadre approche, en forçant de vitesse. Les bâtiments lancés à toute allure s'avancent sous des torrents de fumée, le plus près possible de la côte pour faciliter le débarquement. Ils mouillent en même temps. Jamais on n'a vu devant Casablanca une ligne de grands croiseurs d'aspect aussi puissant. Les indigènes pensent que, si le petit *Galilée* est si redoutable, les énormes masses, hérissées de canons et remplies de soldats, peuvent anéantir la ville. Cette crainte épargne aux navires une intervention que l'amiral veut aussi modérée que possible, mais à laquelle il est résolu si besoin est. La *Gloire* a en effet signalé : « Les bâtiments arriveront au mouillage, l'équipage aux postes de combat, les pièces approvisionnées en obus à poudre noire. Les passagers seront tenus dans les batteries sans gêner le tir des pièces. Les objectifs seront donnés par l'amiral par télégraphie sans fil. Le tir ne sera ouvert par bâtiment que sur ordre donné par signal. On évitera de toucher les mosquées. On pourra tirer, si le feu est ouvert, sur tous les rassemblements d'Arabes. » Le *Galilée* salue l'amiral en tirant des coups à obus sur les bandes de pillards qui quittent l'enceinte réservée avec leur butin. Les gens des tribus songent à rentrer chez eux, avec les dépouilles qu'ils ont amassées. Ils chargent en hâte leurs montures entourées de captifs.

Bientôt les canons de la *Gloire*, du *Condé* et du *Gueydon* entrent en jeu. On les reconnaît à leur ton plus grave ; le tir dégage les environs de la plage et disperse les rassemblements aussi loin qu'ils se forment. Le commandant Ollivier s'est rendu dès son arrivée près de l'amiral Philibert qui arrête avec le général Drude les ordres de débarquement.

A midi dix, la *Gloire* signale : « Commencez l'embarquement des troupes dans les canots par tribord. Les troupes débarqueront sans sac, les outils portatifs à la ceinture, cent vingt cartouches, vivres du sac et supplémentaires dans la musette. Attendez des ordres, pour faire pousser les canots. Si les bâtiments aperçoivent des rassemblements qu'ils n'hésitent pas à ouvrir le feu sur eux. »

A une heure de l'après-midi, on voit se détacher des navires les premières embarcations remplies de tirailleurs algériens et de légion étrangère. L'enthousiasme des marins et des soldats est indescriptible : les ovations s'entendent de terre. Chacun a hâte d'engager l'action. Le général Drude et le consul de Casablanca, M. Malpertuy, qui revient prendre possession de son poste, se trouvent dans le canot à vapeur de l'amiral, en tête du corps de débarquement. Le second-maître de la *Gloire* qui tient la barre néglige les indications du patron Querné, de la vedette du *Galilée*, gagne la côte en ligne droite, sur des hauts-fonds dangereux. La houle étant forte et accentuée par la marée à ce moment-là, l'embarcation est sur le point de se jeter sur les brisants, puis d'être roulée. L'eau de mer arrose copieusement général et consul qui descendent trempés sur les rochers de Sidi Bel Yout. Le feu des bâtiments sur rade protège l'arrivée des soldats qui se déploient aussitôt et prennent possession de la plage sans aucune perte ou accident. Mais on se demande avec effroi ce qui serait arrivé si les troupes avaient dû débarquer sans qu'on tînt déjà la ville, en face de milliers de combattants des tribus et dans des conditions de mer aussi difficiles. Malgré le tir des navires, combien de nos soldats eussent dû payer de leur vie la prise d'une ville de 30 000 âmes, envahie par les Arabes des environs ! Mouley-Lamin, débordé par les hordes Chaouias, n'aurait pu ni livrer la ville pacifiquement ni la préserver du sac et du pillage et on n'aurait occupé que des ruines au prix de pertes énormes. Au lieu de cela, le chef de bataillon Mangin et le lieutenant de vaisseau Du Petit-Thouars saluent le général Drude sur la grève et lui rendent compte de la situation à terre. Les troupes commencent à exécuter l'investissement de la ville; le général monte avec le commandant Mangin et M. du Petit-Thouars sur l'angle est des remparts pour reconnaître le front de terre et la campagne environnante. De retour à Sidi Bel Yout, le général Drude ordonne à M. du Petit-Thouars d'occuper le front de mer et d'ouvrir les portes de la Douane et de la Marine, en les faisant sauter au besoin. Il met sous ses ordres, pour cette opération, une section de légion étrangère et une partie des torpilleurs-mineurs de l'escadre commandée par M. l'enseigne de vaisseau Motet, du *Gueydon*. La porte de la Douane est solidement verrouillée et cadenassée. M. Motet la débarrasse de ses ferrures seulement, à la dynamite, en prenant toutes précautions pour ne pas ébranler la poudrière du Maghzen qu'on croyait, à tort, bien garnie.

La porte de la Marine, fermée depuis l'entrée du détachement du *Galilée* le 5 août au matin, est rouverte définitivement. Les communications sont dès lors entièrement libres avec la mer. En regagnant le consulat de France par l'intérieur de la ville, M. du Petit-Thouars reprend les détachements de marins du *Du Chayla* et l'artillerie laissée par lui le matin dans les différents postes. Ses hommes essuient les derniers coups de feu de quelques fanatiques isolés. Cette lutte finale fait une victime, le matelot Bessi, du *Du Chayla*, qui a les deux cuisses traversées par une balle. Cette résistance désespérée donne à penser combien était sage la précaution d'être dans la place pour protéger les Européens. Les Arabes se hâtent de regagner la campagne avant que l'investissement ne soit complet. Le général Drude longe extérieurement les remparts à la tête de ses troupes, pour séparer immédiatement les tribus de la ville et empêcher tout retour des bandes.

Au cours de cette marche, un accident cause un dernier blessé au *Galilée* dans la personne de l'enseigne Cosme. Il avait pris possession avec sa section de l'angle de l'enceinte dominant les abords de Sidi Bel Yout pendant le débarquement, puis il avait flanqué la marche du général jusqu'à la porte du Marché, de façon à dégager le chemin de ronde, à surveiller de haut les endroits où passait le général et à occuper la porte par où les troupes devaient entrer en ville. Entraîné à la poursuite des Marocains qui fuient devant ses marins, il court à leur tête et s'avance sur le plafond incendié d'une tour d'angle. Les poutres à demi consumées se rompent sous son poids. Cosme tombe d'une hauteur de plusieurs mètres dans la cendre brûlante. Il se relève heureusement, sans autre accident que des contusions multiples et une brûlure du pied qui s'infecta au retour, en passant dans une mare où croupissait le sang d'un cadavre en voie de putréfaction.

On en rencontrait partout en ville, déjà boursouflés, suintants et nauséabonds sous le chaud soleil d'août qui activait la décomposition. Il en résultait une odeur infecte et des nuées de mouches horriblement tenaces. Un des premiers soins du consul dut être l'enterrement des morts; malgré les masques antiseptiques et une rétribution élevée, on ne trouvait pas assez de juifs pour affronter cette corvée. L'occupation militaire des murailles, des portes, puis des quartiers différents s'opéra pendant la fin de l'après-midi sans autre incident que quelques coups de feu tirés des terrasses par des isolés qui brûlaient leurs dernières cartouches de désespoir. Seul, un soldat de la légion étrangère est atteint d'une balle.

Quand le général Drude pénétra au consulat de France, il était quatre heures et on allait procéder aux obsèques du canonnier Guillou, du *Du Chayla*, décédé le matin. Le docteur Brunet l'avait enveloppé, comme Bourdoulous, d'une natte et d'un tapis de façon à permettre un relèvement des restes à quelque époque que ce fût. Les prières furent dites comme la veille par un franciscain et notre pauvre camarade, escorté de toutes les autorités militaires et civiles, alla reposer sous les lauriers en fleurs. A quelques pas, dans la cour, c'est une animation bourdonnante d'allées et venues, de conversations rapides, d'ordres, de visites, de démarches et un mouvement pittoresque de tenues et de costumes. L'ambulance n'est pas moins affairée. Non seulement les blessés du matin avaient besoin d'être pansés et installés; mais les détachements, qui occupent la ville, envoient les blessés civils, européens ou indigènes, qu'ils trouvent abandonnés dans les maisons ou dans les rues. Dans la salle de pansement, c'est comme dans le jardin, un défilé : trois juives atteintes de coups de poignards marocains aux cuisses, à la face et au ventre; un rabbin qui, en défendant sa fille, a reçu six balles traversant les cuisses, le thorax et les bras, et est resté sans aucun soin depuis trente-six heures; deux Espagnoles atteintes de coups de feu à la poitrine; des Arabes blessés plus ou moins grièvement qu'on a ramassés dans les gourbis. Après un pansement, on les évacue sur la mosquée de Sidi Bel Yout que le docteur Merle transforme en hôpital indigène. Grâce à l'aide empressée du docteur Pichon, toutes les victimes de la journée purent être pansées.

Depuis deux jours déjà, le grand salon du consulat avait été accordé à l'ambulance. Les blessés gravement atteints restaient dans le bureau du consul sur des fauteuils. La salle à manger servait de salle d'opération, de pansement et de nettoyage. M. Malpertuy, qui avait quitté un mois auparavant sa maison et son jardin dans un si bel ordre, retrouvait à leur place un hôpital et un cimetière.

Cependant, les Chaouias se dépêchaient d'emporter, soit sur leurs dos, soit sur leurs montures, le butin entassé dans l'enceinte réservée. Femmes et enfants s'employaient à aider les hommes, rassemblant les objets et préparant les ballots. Le *Gueydon*, qui s'aperçut de cette besogne, envoya quelques obus à ces travailleurs. Peu après, le consulat transmettait le signal suivant à la *Gloire* : « Mouley-Lamin nous informe qu'il y a des femmes et des enfants réfugiés dans l'enceinte réservée. » L'amiral répond aussitôt : « Ordre est donné à tous de cesser le tir sur cette partie de la ville. »

Les canonniers des navires étaient occupés à repousser dans la plaine les bandes de cavaliers et de campagnards qui continuaient à affluer à l'horizon, pendant que toutes les embarcations déchargeaient le personnel et le matériel de la brigade. Vers la fin de l'après-midi, l'amiral Philibert signale au *Galilée* : « Faites prendre dès que vous pourrez vos hommes à terre afin d'appareiller le plus tôt possible pour Rabat. » Cosme, le pied pansé, et Ballande, la main en écharpe, réunissent le détachement dans la cour du consulat; le docteur Brunet confie les blessés au docteur Pichon, à madame Maigret mère et à miss Spinney, puis tous trois vont présenter leurs adieux au chef de bataillon Mangin et au lieutenant de vaisseau Du Petit-Thouars. Avant que le clairon Audran reprenne la tête des matelots rassemblés comme au matin du 5 août derrière Ballande, le commandant Mangin leur décerne un ordre du jour : « La conduite des détachements de marins qui ont participé à la défense de Casablanca a été digne des plus grands éloges ; elle a provoqué l'admiration de tous les étrangers. »

L'enseigne de Saizieu était venu avec les embarcations dans la crique de Sidi Bel Yout ramener la compagnie du *Galilée*, comme il l'avait descendue à terre, trois jours auparavant. Les matelots chantaient la *Marseillaise* et plusieurs rapportaient en souvenir du consulat des branches de laurier en fleur. Bien que le soir fût venu lorsqu'ils passèrent près des navires sur rade, les équipages les acclamèrent. Arrivés près du *Galilée*, ce fut le tour des camarades restés à bord à éclater en bravos et la *Marseillaise* fut reprise à pleine poitrine, sans entente concertée.

Dans la nuit, le *Galilée* appareillait, quittant Casablanca devenu un port de guerre français pour Rabat et Salé. Ces deux villes, séparées par la rivière Bou Regreg, constituent la même agglomération et ont le même gouverneur ; mais tandis que Rabat est habité par des Européens, Salé, cité sainte, ne renferme que des musulmans dont les familles forment la pépinière des fonctionnaires du Maghzen. Aussi l'amiral Philibert avait-il donné l'ordre au commandant Ollivier de transmettre en arrivant au pacha des deux villes, par l'intermédiaire de notre consul, le laconique avertissement suivant : « Si Européen assassiné à Rabat, ordre de détruire Salé. » Par la suite, quelques journalistes ne comprirent pas pourquoi on devait punir Salé des crimes de Rabat. Cela leur semblait immérité et froissait leur sentiment d'une justice distributive que des connaissances plus assurées en géographie eussent tranquillisé. Ils eurent du moins la charitable pensée de ne pas vouloir prêter une injustice à un chef militaire, et, jusqu'à plus ample informé, de croire à une erreur de transmission. Ils s'empressèrent donc de corriger en imprimant : « Si un Européen est assassiné à Rabat l'ordre est donné de détruire cette sale ville. » Les Marocains, eux, n'eurent pas le moindre doute sur l'interprétation à donner à ce signal hissé sur les vergues du *Galilée*, dès que notre consul, M. Leriche, arabisant distingué, le leur eût traduit.

Merveilleux effet de l'éloquence de l'amiral ou puissance du *Galilée* au lendemain de Casablanca : aussitôt les dispositions des indigènes changent radicalement. Le Caïd, qui ne répondait pas, la veille, de la sécurité, assure qu'il la garantit aujourd'hui; les notables et riches habitants de Salé, qui demandaient naguère que Rabat fût, comme leur ville, délivrée de la souillure des Européens, se réunissent en hâte pour affirmer au consul leur profonde amitié; la populace, qui, la menace à la bouche et l'arme au poing, tenait les Européens étroitement enfermés dans leurs maisons, proteste maintenant de son respect inaltérable. En quelques heures, le calme est revenu, l'ordre rétabli, les bons rapports assurés, les Européens libérés de toute contrainte, la vie normale recommence, le commerce et les affaires reprennent à souhait. Dans la suite, à Azemmour, à Mazaghan, à Saffi, à Mogador, au moment où les fauteurs de troubles agitaient les populations, menaçaient la vie régulière des cités ou manifestaient leur hostilité au contrôle de la douane et à la police, on n'eut pas d'argument diplomatique plus convaincant que la présence du navire.

Les citadins se rappelaient le sort des habitants de Casablanca, les caïds pensaient que tous les événements qui suivirent les coups de fusil tirés sur le détachement entré en ville le 5 août avec des assurances formellement pacifiques, eurent leur origine dans la faute du Caïd Si Bou Bekr, comme l'enquête l'a démontré d'après la déposition du soldat Mohamed Bel Mâti. Faute d'avoir donné à ses soldats les ordres promis ou de s'être déplacé lui-même pour protéger les Européens, il entraîna son pays dans une suite de malheurs. Que d'existences d'Européens et d'Arabes les canons du *Galilée*, même sans tonner, ont sauvées par la suite quand chacun disait : « C'est la frégate, fille du diable, qui est venue à Casablanca rappeler à l'ordre les Chaouias. »

Coulommiers. — Imp. PAUL BRODARD.

www.ingramcontent.com/pod-product-compliance
Ingram Content Group UK Ltd.
Pitfield, Milton Keynes, MK11 3LW, UK
UKHW021202220726
13924UKWH00003B/1273